KB210846

신의 선물에서 악마의 유혹까지

기독교 역사 속 술

성기문 지음

시커뮤니케이션

머리말

한국 대중에게 기독교는 어떤 이미지로 각인되어 있을까? 온갖 편견으로 가득 찬 권위주의적 종교? 구제와 봉사를 유난히 많이 하는 종교? 혹은 술과 담배에 대한 강한 거부감이 아닐까?

본서는 이 가운데 기독교와 술(음주)과의 관계를 다룬다. 정확하게 말하자면, 기독교 역사 속에 나타난 '거룩한 음주'와 '세속적 음주 문화'를 다룬다.

본서를 쓰려고 마음먹었을 때, 몇 가지 걱정이 앞섰다. 첫째는 이 주제로 책을 만들 수 있을까 하는 걱정이었고 둘째는 이 책이 일반 독자들을 포함하여 한국 기독교에 어떤 의미로 다가갈 수 있을까 하는 두려움이었다.

어느 정도 분량의 원고를 작성하게 되었을 때, 첫 번째 걱정은 노파심으로 판명 났다. 정작 문제는, 이런 형태의 문화사적 연구에 예상했던 것보다도 더 많은 지식과 정교한 연구가 필요했다는 데 있었다. 구약학도인 저자가 이 주제로 독립적인 연구를 했다는 것 자체가 낯설고 불편한 새로운 시도였다는 점에서 이것은 버거운 짐이 아니었나 싶다. 그래도 여러 가지 우여곡절 끝에 마무리한 것이 다행이라고 생각한다.

두 번째 걱정은 본서의 출간 이후에야 비로소 확인할 수 있을 것이다. 보수적인 한국 교회 정서상 한쪽에서 음주는 흉악한 죄의 한 항목으로, 다른 한쪽에서는 신자의 자유로움을 증명하는 척도로 여겨진다. 그러한 상황 속에서 저자가 한국 교회 앞에 판도라의 상자를 열려는 것은 아니다. 다만 저자는 술을 마시는 사람에게는 방종하지 않게 하며 술을 마시지 않는 사람에게는 술 마시는 사람들을 정죄하지 않게 하려는 것이다.

필자는 본서를 통해 술이 기독교 역사에 있어서 선과 악을 구별하는 절대적인 선악과가 아니었다는 점, 즉 절대선도 아니지만, 그렇다고 해서 저속하고 부정적인 존재가 아니었다는 점을 밝히려고 한다. 술은 기독교 역사 속 오랜 논란 거리였다. 성경이 말하듯이 술은 신자들에게 기쁨과 감사의 음료일뿐만 아니라, 고통과 비난과 정죄의 음료이기도 하다. 그렇게 술은 유대교와 기독교 역사 속에서 고대에서 근대에 이르기까지 사랑과 미움을 함께 받는 음료로 자리매김하였다. 음주를 당연시하거나 금기시하거나 간에, 기독교와 술이 관련된 사건들에는 거룩한 종교적 이유 뿐만 아니라 세속적인 이유가 함께 있었다. 이러한 점에서 술의 영성을 주장하는 신학자들도 있을 정도다.

본서를 완독한 독자라면 저자의 의견에 몇 가지 점에서 동의할 것이다. 첫째로, 음주 문제는 오랜 기독교의 역사와 밀접한 관련이 있다. 즉, 유대교를 포함한 기독교의 기원, 수도원 운동, 개신교의 발흥과 발전, 심지어 근대의 부흥 운동과 기독교 선교와도 밀접한 관련이 있다. 둘째로, 음주는 역사적으로 비본질적인 문제(아디아포라)다. 셋째로, 음주의 문제는 중요한 기독교 신학들, 즉 창조신학, 그리스도론, 그리고 성찬 신학 등과도 밀접한 관련이 있다. 넷째로, 음주를 죄로 여긴 한국 교회의 전통은 19세기와 20세기 초에 불어 닥쳤던 세계적인 금주 운동과 그 맥을 함께 한다는 점, 다섯째, 교회의 음주 문제는 신학적으로나 목회적인 측면에서 좀 더 심각하게 논의될 필요가 있다는 점이 그것이다.

본서에는 백과사전적 정보와 자료가 포함되어 있다. 때문에 저자는 일반 독자들을 위하여 의도적으로 혹은 불가항력적으로 2차 자료를 많이 인용하였고, 그러한 자료들을 각주에 남겨놓았음을 밝혀둔다. 본서를 마무리하는 동안 사용한 저술들의 기여도는 본서의 각주에 인용된 책들의 빈도를 통하여 자연스럽게 확인할 수 있겠다. 그 중에서도, 야콥 블루메의 〈맥주, 세상을 들이켜다〉와, 로드 필립스의 〈알코올의 역사:인류의 가장 오랜 발명〉 가운데 19~20세기의 미국을 중심으로 한 금주 운동과 금주법에 대한 논의가 가장 유익하였다는 점을 언급하고자 한다. 마지막으로 본서는 기독교의 서방교회 전통(Western Church Tradition)을 따르는 개신교의 관점에서 기록된 것임을 밝힌다.

2017년 5월 31일 저자 씀.

2쇄에서 첨언할 내용이 있다. 도움을 주신 여러 분들에게 고마움을 표하고자 한다. 1쇄 원고에서 발견된 미흡한 부분을 일부 수정하는데 도움을 주신 김동문 목사님과, 1쇄 원고의 가독성을 위해 추가적인 교정교열로 완성도를 높여주신 이한길 님과 계속적인 관심과 격려를 보내주신 최지윤 대표님께도 깊이 감사드린다.

2021년 2월 14일 저자 씀.

신의 선물에서 악마의 유혹까지

기독교 역사 속 술

성기문 지음

시커뮤니케이션

목차

일러두기

기독교 역사에 익숙하지 않은 독자들을 위하여 다음의 도표를 제공한다.

유럽과 북미주를 중심으로 한 기독교 연대표[1]

연대	시대구분
31/33~325	사도시대(1세기), 사도 이후시대(2~3세기)
313~476	기독교의 공인(콘스탄티누스), 국교시대(380년)
476~799	중세 초기
800~1299	중세 중기
1300~1520	중세 말기와 르네상스 초기
1521~1610	개신교 종교개혁(1521~1610), 반종교개혁(1545~1610)
1610~1800	교회와 계몽주의, 청교도 운동
1720~1906	부흥 운동

본서는 대한성서공회의 개역개정판 성경본문을 사용하였다.

---

1 https://en.wikipedia.org/wiki/History_of_Christianity

판도라의 항아리는 열릴 것인가

술이 인간에게 주는 가장 일상적이면서 부정적인 영향력은 숙취(宿醉)다. 그다음은 취중에 발생하는 여러 가지 범죄나 크고 작은 불미스러운 사건이다. 장기적으로는 알코올 중독이 개인과 가정, 그리고 사회에 초래하는 부정적인 효과들이다. 이러한 부정적인 경험이 있는 사람에게는 술에 대한 논의 자체가 고통스러운 과거나 현재진행형의 경험을 떠오르게 할 것이다. 아마도 금주에 대한 전통적인 생각을 가진 일반적인 독자들은 이러한 논의를, 온갖 재앙을 기독교에 초래하는 판도라의 항아리[2]로 이해할 수도 있을 것이다. 그러나 술과 관련하여 판도라의 호기심이 초래한 항아리의 개봉이 수많은 재난의 시작을 의미했지만, 마지막에 인간에게 남겨진 것이 희망이었다는 점을 저자는 보여주려고 한다.

포도주와 맥주가 만들어지기 전에 이미 꿀, 과일, 야생베리로 만든 술이 있었다. 그러나 포도주와 맥주가 가장 보편적인 술이 되었고, 신학적으로

---

2 우리가 일반적으로는 상자(box)로 알고 있으나, 원래는 항아리였다고 한다.

기독교예배의 중심이 되었다는 점에서 포도주와 맥주가 모든 술 중에서 인류사 혹은 기독교 역사상 가장 중요한 전환을 가져온 술이다.

제목이 말해주듯이, 본서는 포도주와 맥주에 관련된 기독교 역사를 추적할 것이다. 이 역사 추적은 신학적인 관점에서 일상사를 다루게 된다. 물론 그 외에도 기독교를 중심으로 수천 년의 역사 속에 굽이굽이 살펴보고 다루어야 할 사건들이 많다. 이 기독교 역사는 포도주와 맥주로 대변되는 알코올성 음료의 절대 금주와 허용이라는 대립의 역사를 내포한다. 그것은 단지 일상 속에서 기독교인들이 알코올 음료를 마실 수 있느냐의 문제를 넘어, 기독교의 중요한 종교의식 가운데 하나인 성만찬에 포도주를 사용할 수 있느냐의 논란을 포함한다. 매우 금욕주의적인 한국 보수 기독교인들에게 합법적으로 술을 맛볼 수 있는 기회는 오직 성찬에 참여하는 것이다.

21세기에도 한국 개신교에서 술을 논하는 것 자체가 여전히 금기나 불경한 것으로 여겨질 수 있다. 모든 종교가 다 그렇듯, 유대교와 기독교의 경우에도 디오니소스(바쿠스)적 쾌락주의와 스토아적 금욕주의의 대립을 찾아볼 수 있다. 이러한 대립의 상황 속에서, 음주를 반대하는 사람들은 한국 사회가 처한 여러 가지 특수성을 근거로 금주를 주장하기도 한다. 한국은 원래 음주 문화가 아닌, 물을 마시는 생수 문화였다거나, 특별히 한국에 음주에 대한 다양한 폐해가 많았다는 것이다.

우리가 살펴보게 되듯이, 기독교 역사 속에 술을 몰아내려는 시도는 여러 번 있었다. 그러나 미국을 포함한 전 세계적인 금주령의 여파로 나타난 가장 최근의 시도는 '사실 예수께서 가나 결혼식에서 물을 포도주가 아니라, 포도즙으로 바꾸신 것'이라며 고의적으로 성경을 재해석하는 경우도 있다. 이들은 기독교 공동체 내에서 금주를 실행할 뿐만 아니라, 성경 자체에 대한 금주적 해석을 과감히 도입하였다. 그들은 성경에 나오는 포도(즙)는 좋지만, 포도주는 나쁘다, 즉 '예수의 기적은 포도즙이었고 성경이 비판하는 것은 포도주'라는 이중 포도론을 피력한다.

  물론 본서가 그러한 입장과 논의를 반박하려는 것은 아니나, 이와 같은 다양한 입장들과 논의를 알고 있는 것이 본서를 이해하는 데 도움을 줄 수 있을 것이다. 사실 역사상 근대적인 의미에서 절대 금주 운동은 안전한 수돗물, 차, 과일 주스, 탄산 음료와 같이 술을 대체할 수 있는 비알코올성 대안 음료가 다양하게 마련된 후부터 시작되었다.[3] 이슬람교가 역사상 최초로 술의 제조, 판매, 취식 자체를 전부 금지한 가장 오래된 종교인 것은 사실이다. 이슬람교도 그 시작부터 금주를 강제하지는 않았으나, 얼마 지나지 않아서 금주를 강제하게 되었다. 그 이유는 술 자체가 사악하며 그 악한 영향력이 연약한 인간의 심성을 자극하여 음주자를 과음에 이르게 하며 결과적으로 '신성모독, 부도덕, 반사회적 행동'으로 이어지게 한다고 보았기 때문이다.[4] 기독교인의 입장에서 매우 이숙한 소리가 아닌가? 이처럼 금주에 대한 확고한 입장을 가진 오래된 종교도 있지만, 과연 기독교는 그 기원과 그 뿌리에 있어서 이슬람교와 동일한 입장을 취하였을까? 우리는 과연 기독교 역사 속에서 매우 엄격한 금주의 역사를 발견할 수 있을까? 우리는 술의 기원으로부터 이러한 질문의 대답을 찾아보기로 하자.

---

3 로드 필립스, 《알코올의 역사: 인류의 가장 오랜 발명품》 (윤철희 역; 고양시: 연암서가, 2015), 9.
4 필립스, 《알코올》, 101-2.

태초에 술이 있었다

고대인들은 술이 신의 선물이라고 보았다. 고대 근동에서는 술을 관장하는 신이 고대 이집트와 고대 메소포타미아 문명에 각각 있을 정도로 술에 신성한 의미를 부여하였으며, 술은 일상에 몹시 밀접한 것이었다.

술의 역사적 기원은 아직 불분명하다. 기원 이후 술의 역사는 대하 드라마처럼 파란만장한데, 그 결론이 양극단으로 치우친다는 점에서 술은 희극과 비극의 단골 주인공이었다.

술의 역사는 오래고 광범위하다. 이는 고대 근동의 배경을 이루는 메소포타미아와 이집트, 고대 그리스와 로마 문명을 형성하는 지중해를 중심으로 로마와 기타 유럽 지역의 곡물 역사와 함께 한다.[5] 그뿐만 아니라, 우리가 다루는 고대 문명에서 음주는 그들의 식사 문화와 밀접한 관련이 있었다. 고대에서 근대까지 음주는 식사 문화의 중요한 부분이었다.[6] 이러한

---

5 자세한 곡물의 역사를 알아보려면, 보라, 한스외르크 퀴스터, 《곡물의 역사: 최초의 경작지에서부터 현대의 수퍼마켓까지》 (송소민 역: 파주: 서해문집, 2016).
6 고대로부터 현대에 이르기까지의 문명의 탄생을 초래하였던 음식의 역사를 다룬, 레이철 로던, 《탐식의 시대: 요리는 인류의 운명을 어떻게 바꾸었는가》 (조윤정 역; 서울: 다른 세상, 2015)를 추천한다. 이 책은 고대 메소포타미아 제국부터 그리스-로마제국의 음식문화로부터 이야기를 흥미진진하게 시작한다. 그런데 불행하게도 고대 이집트의 음식문화에 대해서는 언급이 없다.

점에서 사람은 술 마시는 인간(Homo Imbibens)이다.

술의 기원과 사용

우리는 고대인들이 바라본 술의 기원과, 현대 과학적 측면에서 바라본 술의 기원 모두를 간략하게 살펴볼 것이다.

1) 고대인의 관점에서 본 술의 기원과 사용

메소포타미아 문명은 맥주의 기원을 신화 속에서 찾는다. 우리에게 알려져 있는 최초의 문명 도시 국가였던 수메르(Sumer)의 중대한 업적은 문자와 맥주의 발명이다.[7]

고대 근동에 살았던 사람들은 술을 신의 작품으로 여겨, 술을 신에게 감사의 제물로 드렸다. 이러한 관습은 고대 근동에서 주전 3천년경에도 발견된다. 수메르인들은 맥주의 여신 닌카시(Ninkasi)에게 맥주를 제물로 바쳤으며, 심지어 찬가를 헌정했다.

아래의 닌카시 찬가는 무명의 수메르 시인이 주전 19세기에 점토판에 쓴 것을 미구엘 시빌(Miguel Civil)이 영어로 번역하였고, 이것을 필자가 우리말로 거칠게 번역한 것이다. 시인은 이 찬가를 통하여 맥주를 신격화한 닌카시의 수고를 찬양하며, 맥주 제조 과정을 순서에 따라 경건하게 노래한다.

---

7 블루메, 《맥주》, 30.

흐르는 물에서 태어나,

닌후르삭 여신의 세심한 돌보심을 받으셨나이다,

흐르는 물에서 태어나,

닌후르삭 여신의 세심한 돌보심을 받으셨나이다,

거룩한 호숫가에 그대의 도시를 세우셨고,

여신께서 그대가 거할 도시의 거대한 성벽을 완성하셨나이다,

닌카시여, 거룩한 호숫가에 그대의 도시를 세우셨으니,

여신께서 그대의 성벽을 완성하셨나이다,

그대의 부친은 니딤무드의 주님이신 엔키,

그대의 모친은 닌티, 거룩한 호수의 여주인이신 닌티.

닌카시여, 그대의 부친은 니딤무드의 주님이신 엔키,

그대의 모친은 거룩한 호수의 여주인이신 닌티.

그대는 큰 삽으로 반죽을 이기는 자라,

구덩이에 맥아빵과 달콤한 향료를 혼합하면서,

닌카시여, 그대는 큰 삽으로 반죽을 이기는 자라,

구덩이에 맥아빵과 대추야자 즙을 혼합하면서,

그대는 맥아빵을 큰 오븐에 굽는 자라,

낟알더미를 순서대로 집어넣었도다,

닌카시여, 그대는 맥아빵을 큰 오븐에 굽는 자라,

낱알더미를 순서대로 집어넣었도다,

그대는 땅위에 놓인 맥아에 물을 주는 자라,

당당한 개들이 지배자들이라도 함부로 다가오지 못하게 한다,

닌카시여, 그대는 땅위에 놓인 맥아에 물을 주는 자라,

당당한 개들이 지배자들이라도 함부로 다가오지 못하게 한다,

그대는 맥아를 쏟은 항아리에 물을 가득 채우는 자라,

(항아리 속에서) 물이 올라오고 물결이 잠잠해지도다.

닌카시여, 그대는 맥아를 쏟은 항아리에 물을 가득 채우는 자라,

(항아리 속에서) 물이 올라오고 물결이 잠잠해지도다.

그대는 큰 왕골자리에 끓인 맥아를 펼치는 자라,

그러면 완전히 식게 되리라,

닌카시여, 그대는 큰 왕골자리에 끓인 맥아를 펼치는 자라,

그러면 완전히 식게 되리라,

그대는 매우 달콤한 맥아즙을 양손에 가득 채우는 자라,

달콤한 과즙과 포도주로 맥주를 빚노라

(그대는 술통에 담기는 달콤한 맥아즙이라)

닌카시여, (...) (그대는 술통에 담기는 달콤한 맥아즙이라)

(쪼르륵) 기쁜 소리를 내는 여과통을,

그대는 그것을 큰 술받이통 위에 잘 놓아두었구나.

닌카시여, (쪼르륵) 기쁜 소리를 내는 여과통이라,

그대는 그것을 큰 술받이통 위에 잘 놓아두었구나.

그대가 술받이통을 기울여 맑은 맥주를 쏟아낼 때,

티그리스와 유프라테스 강물처럼 힘차게 쏟아지는구나.

닌카시여, 그대는 술받이통을 기울여 맥주를 쏟아내는 자라,

티그리스와 유프라테스 강물처럼 힘차게 쏟아지는구나.

고대 이집트인도 맥주를 제물로 바쳤다. 이들도 수메르 사람들처럼 죽은 이들에게 빵과 맥주를 제공한 것을 보면, 사후세계에서도 인간에게 음식이 필요한 것으로 이해했던 것 같다. 바빌로니아나 이집트에서는 술을 제주(祭酒)로 신들에게 바치고 또한 나눠 먹었다.[8] 이들은 술취하는 것에 관대하였다.[9] 신들도 현세를 사는 사람들도 사후세계에서도 빵과 술은 기본적인 음식이었다.

포도주도 신의 창조물이었다. 맥주와 마찬가지로 신에게 포도주를 바치고 제단에 붓는 일은 제의의 중심이었다. 고대 메소포타미아 지역에는 포도주와 맥주를 관장하는 신들이 있었다. 마르둑 신은 연회 중에 주신으로 임명되었다. 게슈틴안나 여신(게슈틴은 포도, 포도밭, 포도주를 의미한다[10])은 하늘의 포도(grape-vine)라는 뜻의 이름을 가졌으며 두무지(탐무지) 신의 누이이며, 두무지 신은 맥주의 신으로 알려져 있다. 둘 다 축제 기간에 죽는 것으로 당대인은 믿었다. 두무지는 여름이 시작할 때 죽는데, 그때

---

8 블루메, 《맥주》, 45, 47.
9 블루메, 《맥주》, 48.
10 패트릭 E. 맥거번, 《술의 세계사: 알코올은 어떻게 인류문명을 발효시켰나》 (김형근 역; 파주: 글항아리, 2016), 183.

가 곡식을 추수하고 맥주를 만드는 시기이며, 게슈틴안나는 이른 가을에 두무지의 죽음을 슬퍼하다가 따라 죽는데, 그때는 포도 추수의 기간이다.[11] 물론 이것은 자연의 순환과 추수와 관련된 신화 혹은 축제를 의미한다.

고대 근동에서 빵과 술의 제작과 섭취는 문명의 척도였다. 예를 들면, 수메르의 길가메쉬 서사시는 들에서 짐승과 같은 생활을 하던 엔키두에게 빵과 술(맥주)을 먹게 함으로써 비로소 인간(문명인)이 되었다고 말한다.[12] 저자의 관점으로는, 그들이 말하는 인간다움은 직립보행이나 기구의 사용, 또는 이성적 사고가 아니라, 인간의 가장 기초적인 음식인 빵과 술을 먹느냐의 여부에 달렸던 것이다.[13] 그만큼 빵과 술은 고대인에게 언어, 성의 건축, 위대한 통치자의 등장과 맞먹는 인류사의 위대한 발명이었던 것이다.

최근 고대 근동의 고고학 보고에 따르면, 수메르로부터 바벨론 시대까지의 중요한 도시였던 우룩(현대 이라크의 와르카[Warka])에서는 노동자의 급여로 맥주를 주었다. 이것은 단순한 자급자족의 농경사회에서 도시사회의 집단 노동과 교역의 급속한 발전의 결과로 노동자들이 필요했고, 그들에게 체계적인 급여가 필요했다는 증거로 보인다.[14] 고대 이집트 피라미드 노동자들에게도 맥주가 급여로 사용되었다.[15] 고대 이집트에서는 노동자들뿐만 아니라, 군인에게도 임금의 일부로 맥주를 제공하였다. 이것은 기원후 16~18세기 서양군대에서도, 심지어 20세기 초까지도 적용되었다. 군인들의 직급에 따라 맥주가 매일 차등 지급 되었다.[16]

그 지역에서 기원전 7천 년경에 재배를 시작했던 보리와 곡물을 가지고

11 Dayagi-Mendels, *Drink and Be Merry*, 99.
12 김산해, 《최초의 신화 길가메쉬 서사시》 (서울 : 휴머니스트2020), 103~104
13 야콥 블루메, 《맥주, 세상을 들이켜다》 (김희상 역; 서울: 2013), 10~11.
14http://www.dailymail.co.uk/sciencetech/article-3665939/Ancient-workers-paid-BEER-Clay-tablet-one-cities-world-s-payslip.html
15 필립스, 《알코올》, 35.
16 블루메, 《맥주》, 42.

빵과 맥주를 만들어냈다. 이들은 보리뿐만 아니라, 에머(Emmer)라는 밀을 사용했다. 기원후 16세기에 인공적으로 효모를 사용하여 술을 만들기 전까지는 기존의 술 항아리 표면에 남아있던 자연적인 형태의 효모를 이용하였다.[17] 고대 근동에서 맥주는 와인보다도 먼저 생겨났다.[18] 당시에도 맥주는 보리/밀빵의 대용이며 스트레스 해소를 위해 자주 사용되었다.[19] 앞서 언급한 대로 맥주는 제주(祭酒)이며, 식사 대용이며, 치료제로도 다양하게 사용된 것이다. 바벨로니아 사람들은 '입안에 곡물 찌꺼기가 딸려오는 것을 막기 위해서'[20] 맥주를 빨대로 먹었다. 이것은 이집트에서도 마찬가지다.[21]

현대 맥주와 마찬가지로 당시에 이미 맥주는 한 가지가 아니라, 다양한 종류로 존재하였다. 심지어 중세에 식수대용으로 온 가족이 마시던 (세 번째로 맥아즙에서 짜내고 물을 섞은) 약한 맥주로 존재했듯이(2도 이하)[22] 당시에 가난한 자들을 위한 질낮은 맥주가 존재했다. 이것은 예수의 가나혼인 잔치에서도 언급되었듯이, 처음에는 연회장 손님들에게 질좋은 술을 내놓지만 결국 질이 떨어지는 최후의 맥주이기도 했다.[23] 맥주는 오래 보존할 수 없었으나, 군대에서 오염된 샘이나 강물 혹은 '적들이 우물에 풀어놓은 독'을 피하거나 식수 대용으로 필요했고, 군대의 사기를 진작시키기 위해 전쟁터에 맥아추출물에 물을 섞은 혼합 맥주('효모를 넣지 않고 맥아만으로 빚은 것으로 도수가 0~1% 정도'[24])를 가져가기도 했다.[25]

고대바빌로니아 제1왕조 6대왕인 함무라비의 법전(108조)에는 맥주의 가

17 블루메, 《맥주》, 32.
18 블루메, 《맥주》, 32.
19 아롭 블루메 《맥주》, 33.
20 블루메, 《맥주》, 35.
21 블루메, 《맥주》, 50-51.
22 블루메, 《맥주》, 39의 역자의 각주.
23 블루메, 《맥주》, 39.
24 블루메, 《맥주》, 40의 역자의 각주.
25 블루메, 《맥주》, 40.

격과 재료의 품질을 통제하여 맥주의 맛과 질을 보존하는 '순수법'이 있을 정
도로 맥주에 대한 고대인들의 관심은 지대하였다.[26] 여기서 순수법이라는 표
현은 독일 1516년의 맥주제조규제법에서 유래한 것으로 고대바벨론(국가)이
맥주제조와 관련하여 역사상 최초로 법제화하였다는 뜻이다(다음의 법규는
현대독자들을 위하여 일부분의 부연설명/의역을 첨가하였다).[27]

> 맥주를 파는 아낙네가 맥주값을 (거기에 합당한) 곡물(값으)로 받지 않고 더 비싼 은으로 맥주
>
> 값을 달라고 요구한다거나 좋지 않은 재료를 써서 맥주의 품질을 떨어뜨릴 경우, 그 여인을 재판
>
> 하여 물속에 빠뜨리는 형벌을 내려야 한다.

또한 우리가 역사 속에서 자주 발견하듯이, 알코올과 범죄와 매춘을 결부시
키는 시각은 기원전 2천년경으로 거슬러 올라갈 수 있다.[28]

2) 과학자들이 본 술의 기원

포도를 포함하여 과일주나 벌꿀주가 기원 상 더 오래된 것이지만, 본서
에서는 술의 재료가 되는 보리/밀로 대표되는 곡물의 역사를 고려할 것이
다. 곡물의 역사는 채집에서 재배라는 큰 전환점을 맞이했다. 곡물의 역사
에서 야외 채집이 필요한 야생 열매에서 재배 식물로 전환이 (물론 동시
적으로) 발생한 것이다. 곡물들 가운데서 밀의 재배가 중요한 것은 그 속
에 전분과 단백질의 한 종류인 글루텐(Gluten)이 있기 때문이다. 밀의 글
루텐 성분이 점성을 주어 빵을 만드는데 도움을 준다.[29] 이 밀은 나중에 에

---

26 미쓰루, 《맥주》, 119.

27 참조, https://legendsofbeer.wordpress.com/2009/06/08/the-secret-history-of-beer

28 블루메, 《맥주》, 36는 Wolfgang Röllig, Das Bier im alten Mesopotamien (1970), 37을 그 증거로 인용한다.

29 퀴스터, 《곡물의 역사》, 61.

머밀(Emmer Wheat; 글루텐 성분이 많아 빵을 만들기에 좋다)과 듀럼밀(Durum Wheat; 단백질이 많아 이탈리아식 마카로니 국수를 만들기에 좋다)로 나뉜다.[30] 또한 이 시기에 보리 재배도 주목할 필요가 있다. (겉)보리는 밀가루에 비해 글루텐이 매우 적어서 밀과 혼합하지 않으면 빵을 만들기 어려웠다. 그래서 보리는 빵 대신에 과자나 죽, 혹은 맥주의 원료로 쓰게 되었다.[31] 게다가 보리는 밀보다 생육환경이 나쁜 곳, 심지어 '매우 건조하고 뜨겁고 심지어 염분이 함유된 곳'에서도 잘 자란다.[32] 이것이 보리와 맥주가 고대 근동 지역에서 밀보다 더 인기를 얻게된 요인으로 보인다.

고대 메소포타미아나 이집트는 그 지역을 관통하는 큰 강(유프라테스/티그리스, 나일 강)은 흐르지만, 매년 범람하거나 그 양이 줄어들기를 반복하였다. 그래서 경작을 위한 관개수로가 중요한 역할을 하였다. 이 두 지역에서 사람들은 보리와 에머밀을 함께 재배했다.[33]

사람들은 고대 지중해 동부, 이집트, 요르단 지역에서 재배하는 포도를 가지고 주로 일반 건포도인 로지네, 씨 없는 건포도인 코린테, 크고 둥근 건포도인 술타니네를 만들었다.[34] 포도나무는 암수 딴그루이며 이집트, 메소포타미아, 로마 지역에 전파되었다.[35]

농사의 산물인 빵과 술(맥주)은 그 재료(보리/밀)와 변화의 매개(쪄서 효모로 발효시킨다)가 같다는 점에서 동전의 양면과 같다. 다른 한편으로 올리브와 포도주는 재료는 다르지만 변화의 방법(착즙[搾汁] 혹은 착유[搾油])이 동일하다는 점에서 서로 밀접한 관계가 있다. 물론 당연히 효모를 통한 발효라는 점에서 맥주와 포도주는 서로 밀접한 관련이 있다.

---

30 퀴스터, 《곡물의 역사》, 65.
31 퀴스터, 《곡물의 역사》, 68.
32 퀴스터, 《곡물의 역사》, 68.
33 퀴스터, 《곡물의 역사》, 69.
34 퀴스터, 《곡물의 역사》, 124.
35 퀴스터, 《곡물의 역사》, 125-26.

효모란 무엇일까? 단당(單糖)을 섭취하여 에탄올과 이산화탄소로 분해하는 단세포 미생물이다.[36] 사람뿐만 아니라, 곤충, 연체동물, 새, 원숭이나 코끼리와 같은 다양한 포유류를 포함한 많은 생물들이 술에 취하는 것으로 확인되었다.[37] 사람뿐만 아니라, 동물들이 취한 원인은 아마 자연 발효한 과실주를 마시게 되었기 때문이 아니었을까? 물론 이것은 추측일 뿐, 확인이 어려워 논란의 여지가 있다.

고대부터 근대에까지 술은 역설적으로 가장 안전한 음료였다. 일반인이 하루에 2리터 정도의 수분을 섭취해야 하는 상황에서, 주위에서 쉽게 구할 수 있는 정화되지 않은 물은 세균과 기생충 감염의 위험이 높았다. 또한 안전한 물이라도 도시화와 오염 물질 투기와 같은 다양한 이유로 쉽게 오염되고 버려지곤 했다. 심지어 물과 혼합되는 알코올이 물 자체보다는 상대적으로 안전했다. 어느 정도 알코올이 유지되는 한은 물속에 있는 상당한 양의 병원균을 제거해주고, 곡주 자체가 사람의 허기를 달래주며 사람에게 필요한 영양소를 풍부하게 제공해주었다. 적당한 알코올은 의학 지식이 말해주듯이 체내에서 심혈 관계 질환과 암의 위험을 줄여주는 역할을 한다.[38]

전쟁 중에는 술을 보급품에 빈드시 포함시켜야 했나. 선쟁에서 제일 중요한 것은 군인들에게 안정적인 식량을 공급하고 확보하는 일이었다. 그런데 전쟁에서 퇴각할 때 적군이 남아있는 식량과 집들을 사용하지 못하도록 불태우듯이, 퇴각하면서 우물이나 개울에 독약을 타는 일은 일상적이었다. 그렇지 더라도 우물이나 개울이 오염되어 병사들에게 식수를 공급할 수 없는 경우가 대부분이었기 때문이다.[39]

예나 지금이나 동양이나 서양이나 제사를 지낼 때는 고기와 함께 술을 바친다. 주자가례(朱子家禮)를 알기 쉽게 고증하여 1646년 발간한 책, 〈가례고증

36 패트릭 E. 맥거번, 《술의 세계사: 알코올은 어떻게 인류문명을 발효시켰나》 (김형근 역; 파주: 글항아리, 2016), 27.
37 맥거번, 《술의 세계사》, 28-32.
38 맥거번, 《술의 세계사》, 36.
39 최훈, 《와인으로 읽는 세계사: 역사와 와인》 (서울: 자원평가연구원, 2015), 25.

)(家禮考證)에 따르면, 조상제사에서 바치는 술, 과일, 포가 제물의 기본이다.[40] 제사용 술에는 울창주(鬱鬯酒)와 제주(祭酒)가 있다. 울창주는 조상의 혼백을 불러오기 위해 땅에 붓는 술이고, 제주(祭酒)는 전주(奠酒)라하여 땅에 붓지 않고 제사상에 올리는 것인데, 귀신이 스스로 마실 수 없기 때문에 제관들이 그것을 대신 마신다.[41]

이처럼 제사 혹은 중요한 종교의식 가운데 술을 사용하는 예는 고대 유대-기독교의 전통에서도 쉽게 발견할 수 있다. 그러므로 술이 제물로 채택된 이유는 고대인들에게 선택의 여지가 없는 안전한 음료수였기 때문만이 아니라, 그 자체가 갖는 고귀함과 음주의 효과가 주는 신비함에도 있었을 것이다.[42] 좋든 나쁘든 간에 술은 술을 마시는 사람을 내부로부터 일시적으로 바꾸는 효과가 있다. 구약과 신약이라고 하는 성경을 경전으로 사용하고 있는 유대-기독교 전통 역시 수천 년의 역사 속에 술과 관련된 다양한 역사와 문화가 자리잡고 있다.

고대 근동에서는 그 용도가 포도는 오직 건포도나 포도주를 만드는 데에만 제한되어 있었다. 장기적으로 보존이 가능한 포도즙(주스)은 근대 이후의 산물이다. 마찬가지로 알콜프리(alcohol free) 맥주도 현대의 산물이다. 물론 동서고금을 막론하고 술취함과 남용(혹은 그 결과)은 인류에게 지속적인 골칫거리였다.[43] 중세 유럽에서는 알코올 중독 증상이 거의 나타나지 않았는데, 그것은 가족들이나 이웃과 마시는 사회적인 음주가 가능했기 때문이다.[44] '천천히 술잔을 나누며 담소를 즐기는 자리는 더할 나위 없이 좋은 소통의 장'이었다.[45] 그러나 근대 이후의 알코올 중독은 개성과

---

40 김미영, 《유교의례 전통과 상징》 (서울: 민속원, 2010), 74.
41 김미영, 《유교의례》, 76.
42 보라, 필립스, 《알코올》 40.
43 Gisela H. Kreglinger, *The Spirituality of Wine*, 13-14.
44 블루메, 《맥주》, 25.
45 블루메, 《맥주》, 27.

사생활을 중시하는 문화 속에서 심각한 문제를 일으킨다.[46]

음주는 죄가 아니지만, 술취함은 죄다

'음주는 죄가 아니지만, 술취함은 죄다.' 이 말이 모순처럼 들리는가? 비록 모순처럼 들리더라도 이것은 기독교의 오랜 역사상 당연한 것으로 여겨졌다. 성경은 음주에 대하여 모순율을 보여주는 것처럼 여겨졌다. 과연 그러한가를 간단하게 살펴보자. 성경은 술이 인류 타락의 원인이나 결과물이라고 말하지 않는다. 그러나 우리는 창세기에서 의로운 노아의 술취함의 예를 발견한다. 또한 성경은 노아가 포도주를 세계 최초로 만들었다거나[47] 대홍수가 지난 후에 효모가 만들어졌다는 식으로 말하지는 않는다. '바벨론 홍수 이야기'에서는 홍수가 있기 전에 와인과 맥주가 있었고, 그것들이 선박 건축가들에게도 당연히 제공되는 물품 가운데 하나였다고 말한다. 고대 문헌들은 세상이 만들어진 후부터 포도주와 맥주가 있었다고 말한다. 그러니 터키 산지(아라랏)의 비탈에서 포도가 재배되었다는 언급은 신뢰할만한 정보다. 하여튼 우리는 노아 이야기에서 다음에 초점을 맞추어야 한다. 아라랏에 정착한 노아는 어째서 포도를 경작하였고 포도주를 마셨으며 술취하게 되었을까? 이러한 술취함의 문제는 후대에 롯의 두 딸들이 롯과 성관계를 맺게 되는 촉매제 역할을 한다(창 19:30~38). 이처럼 성경은 노아와 롯의 술취함을 성적인 방종(일탈)의 증거로 제시한다.

성경은 분명히 만취(drunkenness)를 죄라고 규정한다(신 21:20; 전 10:17; 마 24:29; 눅 12:45; 21:34; 롬 13:13; 고전 5:11; 엡 5:18; 벧전

---

46 블루메, 《맥주》, 26.
47 그러나 터키 지역에서 포도가 재배되었고 그곳에서 어떤 중요한 역할을 했을 것이라는 '노아의 가설'이라고 불린다. 이에 대한 검증의 탐험이야기는 맥거번 《술의 세계사》, 155~160)을 보라.

4:3). 그러나 모든 음주 행위를 만취함의 범주에 집어넣을 수 있을까? 요즘은 음주 운전을 중대한 범죄로 여기고 길거리에서 일 년 내내 혹은 특정한 기간에 집중 단속하는 것이 일상적인 일이다. 경찰은 혈중 알코올 농도를 정확하게 측정하고 현장에서 음주 운전자의 상태에 따라 처벌 규정을 정해놓고 있다. 그러나 과거에는 그런 엄격한 기준도 측정 장비도 없었다. 그러한 상황에서 단지 술을 마시는 것만으로 성경이 경계하거나 금지하는 '술취함'의 범주에 넣는 것이 가능한 것일까? 우리는 의학적으로 혹은 성경적으로 술취함을 어떻게 규정하고 있는지를 우선 살펴볼 필요가 있다

1) 의학적인 술취함(Alcohol intoxication)

다음은 알코올의 섭취로 인한 술취함에 대한 의학적 생리학적 효과(physiological state)[48]에 대한 분석이다. 편의성을 위해 위키페디아에서 자료를 번역하여 인용하였고 그 내용은 현직 의사의 감수를 받았다.

술취함은 간이 에탄올을 비(非) 알코올성 부산물들로 분해하는 대사량(代謝量)보다 알코올이 더 빨리 혈류에 침투한 결과를 의미한다. (행복감과 사교 시 거리감의 감소와 같은) 일부 술취함의 효과들은 음료로서 그리고 그 역사상 세상에 존재하는 가장 광범위한 기분전환 약물 가운데 하나로서 알코올의 중심적 효과들이다.

술취함의 부작용들은 다양하게 나타난다. 알코올을 일시적으로 적게 마셨을 경우나 심하게 장기적으로 음용하였을 경우에도 개인적인 불쾌감이

---

48 https://en.wikipedia.org/wiki/Alcohol_intoxication

나 일시적인 장애뿐만 아니라, 사회적 문제도 야기할 수 있다. 더 나아가 술취함의 극단적인 경우는 혼수상태와 사망으로 이어진다.[49]

적게 마셨을 경우 행복감, 피부홍조, 사교 시 거리감의 감소 등의 증상이 나타난다. 많이 마셨을 경우, 내이(內耳)의 반고리관에 대한 알코올의 파괴 효과와, 위점막에 대한 화학적 자극으로 인한 구역질 혹은 구토뿐만 아니라, 점차적으로 심각한 균형장애, 근육조종력(운동실조 ataxia), 결정능력(잠재적으로 폭력적 혹은 일탈 행동을 유발할 수 있다)을 포함한다.

2) 음주에 대한 성경의 입장

기독교에서는 다음과 같이 음주에 대한 세 가지 입장이 있으며 드리스콜은 위 세 가지 입장에 대한 성경적 대답을 다음과 같이 제시한다.[50]

분류	입장	성경적 답변들
금주론자	이들은 모든 음주가 죄이며 알코올 자체가 악이라고 본다.	1. 하나님은 자기 백성에게 포도주를 주신다(시 104:14~15). 2. 예수님은 가나 혼인 잔치에서 물을 포도주로 바꾸셨다(요 2:1~11). 3. 예수님은 포도주를 즐기셨다(마 11:19).
절제론자	이들은 음주가 죄는 아니지만 다른 사람들을 위해 금주를 해야 한다고 본다.	1. 포도주는 하나님의 선물(호 2:8) 2. 금주는 하나님의 뜻이 아니다(딤전 4:1~5) 3. 음주도 하나님의 영광을 위하여(고전 10:31)
온건론자	이들은 음주가 죄가 아니라서, 자기의 양심에 따라 음주하면 된다고 주장한다.	1. 술은 양면가치를 갖고 있다(삼상 1:14, 24; 25:18, 37; 욜 1:5,10). 2. 술의 다양한 사용: 즉, 잔치(창 14:17~20), 성찬(마 26:29; 막 14:25; 눅 22:18); 의료용(잠 31:6; 딤전 5:23); 예배용(출 29:40; 민 28:14; 마 26:27; 고전 11:25~26); 하나님께 감사할 때(잠 3:9~10); 즐거울 때(신 14:26).

---

49 49 https://en.wikipedia.org/wiki/Alcohol_intoxication
50 50 마크 드리스콜, 《새롭게복음 전하는 교회》 (장진환 역; 서울: 죠이선교회, 2007), 193-195; 보라,http://www.relevantmagazine.com/life/what-does-bible-really-say-about-alcohol

그런데도, 성경에는 지도자가 만취하는 것을 금지한 말씀이 있다. 즉, 성경은 지도자의 취중 업무수행을 반대한다. 성경에는 직접적으로 만취함을 금하는 말씀도 있고, 심지어 바울은 술꾼이 하나님 나라를 유업을 받지 못할 것을 경고한다(고전 6:10; 갈 5:21).[51]

직분	금지
제사장	제사 업무 중 철저한 금주 상태 유지(레 10:9; 겔 44:21). 평상시에는 음주 허용(민 18:12, 27, 30).
왕	업무 중 철저한 금주 상태 유지(잠 31:4~5)
장로나 감독	선출 조건으로 술꾼의 배제가 명시되었다(딤전 3:3; 딛 1:7)

성경에 나타난 알코올과 관련된 범죄 혹은 문제점들은 다음과 같다.[52]

범죄의 목록(성경구절)	
근친상간(창 19:32~35)	폭력(잠 4:17)
간음(계 17:2)	거만과 소란(잠 20:1)
가난(잠 21:17)	늦은 밤과 이른 아침에도 술을 마심(사 5:11~12)
망상(사 28:7)	이상한 행동(사 5:22)
살인(삼하 11:13)	탐욕, 가난(잠 23:20~21)
구토(렘 25:27, 48:26; 사 19:14)	비틀거림(렘 25:27; 시 107:27; 욥 12:25)
광기(렘 51:7)	큰 소리로 떠들고 웃다가 영원히 잠에서 깨어나지 못함(렘 51:39)
벌거벗음(합 2:15; 애 4:21)	게으름(욜 1:5)
도피(호 4:11)	낙심(눅 21:34)
밤새 환락을 즐김(살전 5:7)	

51 드리스콜, 《새롭게 복음 전하는 교회》,191.
52 드리스콜, 《새롭게 복음 전하는 교회》,191~2.

술을 보는 성경의 시각

성경이 술에 대해 항상 부정적으로 말했더라면, 오늘날 음주 논란은 필요 없었을지 모른다. 그러나 의외로 성경은 술에 대해 긍정적인 태도를 보이기도 한다. 성경에 나타난 두 가지 시각을 간단하게 정리해본다.

1) 부정적인 시각

구약에는 만취로 인해서 잘못을 저지른 사람들이 예로 등장하거나 일반적인 측면에서 언급된다. 사람들을 예로 든다면, 노아(창 9:20~27), 롯(창 19:31~38), 삼손 등이 있을 것이며, 금주한 사람들의 예로는 레갑 족속(렘 35:5~10)을 꼽을 수 있다. 잠언에 음주에 대한 부정적 이미지들이 많이 등장한다(23:31; 20:1; 21:17; 31:4~7). '만취하지/술꾼이 되지 말라'는 잠언이나 바울의 교훈이 떠오를 것이다.

2) 긍정적인 시각

구약성경에서 포도주는 하나님의 선한 창조(선물)와 축제의 필수적인 요소로 묘사된다. 포도주는 사람의 마음을 기쁘게 하는 것이며(시 104:15) 맥주와 함께 하나님의 축제에 빼놓을 수 없는 품목인 것이다(신 14:26). 다른 농산물의 경우와 마찬가지로 훌륭한 포도 소산은 하나님의 은총의 징조이며 포도주의 흉작은 하나님의 불쾌감을 표현하는 것이다(암 5:11; 9:14; 사 16:10; 24:11; 렘 13:12; 40:10, 12; 48:33; 습 1:13; 미 6:15 등). 또 이사야서가 잘 증거하듯이, 쉐마르(šemar)라는 단어가 극상품 포도주(사 25:6, '만군의 여호와께서 이 산에서 만민을 위하여 오래 저장하였던 [상품] 포도주로 연회를 베푸시리니 곧 오래 저장하였던 맑은 [상품] 포도주로 하실 것이며')와 최하품 포도주 찌꺼기(시 75:9; 습 1:12; 렘 48:11~12)라는 극단적인 대조를 이루는 문맥에서 사용된다. 이는 극상품의 포도주(쉐마르)가 제공되는 연회로서의 하나님의 축복([사 25:6])과, 포도주(야인)가 없는 즐거움과 기쁨이 사라진 (하나님의 심판으로서) 슬픈 파괴와 고통의 상황(사 24장)으로 대비된다.[53] 또한 포도주는 이스라엘의 공식적인 제물의 하나로 나타난다(민 15, 28장; 레 23장[세개의 축제와, 7월1일과 10일], 등).

성경의 음주에 관한 입장이 우리가 살펴본 바 대로라면, 우리는 이 주제와 관련하여 우선 성경을 집중적으로 살펴볼 필요성에 공감할 수 있을 것이다. 구약을 먼저 살펴보려면, 고대 근동의 배경 속에서 구약의 음주 문화를 살펴보아야 할 것이며, 신약을 살펴본다면, 그리스-로마 문화의 배경 속에서 신약의 음주 문화를 살펴보아야 할 것이다.

---

53 William D. Barker, "Wine Production in Ancient Israel and the Meaning of šemarim in the Hebrew Bible," in David A. Baer and Robert P. Gordon (eds), Leshon Limmudim: Essays on the Language and Literature of the Hebrew Bible in Honour of A. A. Macintosh (Library of Hebrew Bible/Old Testament Studies 593; London: Bloomsbury, 2013), 274 (268~274).

고대 근동과 이스라엘에서
맥주와 포도주의 기원과 발전

구약 성경의 음주 문화를 이해하려면 이집트, 시리아-팔레스틴, 메소포타미아라는 3대 고대 근동 문명의 문맥에서 이해해야 한다. 이들은 종교적인 면에서 차이점을 보이긴 하지만, 술의 제조와 음용과 관련해서는 큰 차이를 보이지 않는다. 그러한 점에서 본 장은 구약의 배경이 되는 이집트와 메소포타미아 문명의 포도주, 맥주 제작 과정을 살펴보고, 고대 이스라엘의 포도주, 맥주 제작 과정도 살펴보고자 한다.

가나안과 이스라엘의 포도주/맥주/기름 추출 방식

고대 근동 지방의 기후에 따라, 술과 관련하여 고대 근동 지방을 두 지역으로 나눌 수 있다. 메소포티미아와 이집트는 맥주를 주로 소비하는 곳이었고, 이스라엘을 포함한 나머지 지역은 포도주를 주로 소비하는 지역이었다. 특정 술의 제작과 소비가 많았다는 말은 특정 재료가 그 지역의 기후와 토양에 적합했다는 의미다. 이집트도 포도주의 생산이 주전 3천 년 경부터라고 하지만, 포도의 본격적인 경작과 일반화에는 기후가 문제였다. 그래서 왕실과 같이 특정계층은 초기에 포도주를 주로 수입하여 소비하다가 나중에 나일 삼각주 지역에 포도나무를 수입하여 심었다. 이후 탁월한 품질의 포도주를 생산하게 되었으나,[54] 여전히 이집트의 대중주는 맥주였다.[55]

맥주 이야기

보리와 밀로 만드는 맥주(beer)라는 말은 라틴어로 비베레(bibere 마신다)라는 말에서 나온 것이다. 맥주는 주전 4천 년경에 고대 근동 지역에서 등장한다. 포도주처럼 맥주도 치료의 효과가 있다고 여겨졌다.[56] 고대에는 맥주가 동일한 양의 빵보다 칼로리가 더 높았고 영양이 풍부했으며 매일 필요한 수분 섭취뿐만 아니라, 극심한 노동의 고통을 경감해주었고 심지어 사람들의 기분을 좋게 하는 역할까지 하였다.[57]

맥주 제작 과정

고대 근동에서 맥주를 만드는 방법은 다음과 같다.[58] 곡식이 물에 젖었을 때 발효가 일어난다. 즉, 곡식을 2~3일 물에 담가두었다가 그 후에 물을

---

54 맥거번. 《술의 세계사》, 316ff.
55 맥거번. 《술의 세계사》, 319.
56 Dayagi-Mendels, *Drink and Be Merry*, 113.
57 필립스, 《알코올》, 34.
58 물론 요즘의 맥주 양조 과정은 다음과 같은 복잡한 절차를 거친다. 즉, 분쇄→당화→맥아즙여과→끓이기→침전→맥아즙냉각→발효→숙성→여과/포장(보라, 정철·박찬석·여수환·조호철·노봉수, 《맥주개론》 [세종시: 농림축산식품부, 2015], 21).

버리고 하루 정도 쌓아둔다. 그러면 발아가 시작된다. 그 상태에서 곡식을 볶거나 볕에 말리면 발아가 중단된다. 그런 후에 여러 가지 향신료와 섞는다. 나중에 낮은 온도로 구운 빵 덩어리를 물통에 넣으면 발효가 시작된다. 3~4일 숙성시키면 진한 시럽처럼 된다. 이후 위에 뜨는 부유물을 제거하고 마시면 된다.[59] 포도주는 포도주잔에 담아 마셨지만, 맥주는 주로 빨대로 마셨던 것 같다. 심지어 이집트에서는 '국민음료'였다.[60] 이집트의 경우처럼, 메소포타미아에서 포도주는 일 년에 한번만 제조할 수 있었으나 보리의 보관이 용이했다는 점에서 맥주는 필요할 때마다 계속해서 만들 수 있었다. 그리고 포도주는 강이나 바다를 통해서 수입해야 했기 때문에 그 자체가 고비용이었으나 맥주는 많은 곳에서 용이하게 만들 수 있었기 때문에 더 쉽게 보편화되고 가격 자체도 높지 않았다.

그런데 포도주와는 달리, 맥주는 쉽게 시큼해지는 경향이 있어서 오래 보관하지 못하고 빠른 시일 내에 마셔야 한다.[61] 블레셋 사람들은 확실히 맥주를 마셨을 것이다.[62] 구약의 쉐카르(Šekar)는 아카드어 '슈카루'에서 나온 것으로 맥주를 의미한다.[63]

티그리스와 유프라테스 강을 사이에 두고 발전한 고대 메소포타미아 지역은 북부와 남부로 나눌 수 있는데, 상류의 눈 녹은 물이 흘러내려 4, 5월에 하류강물이 최고치에, 10월에 최저치에 이른다. 북부 지역은 강수량이 충분하여 밀을 키울 수 있는 풍요로운 곡창지대였으나 남부 지역은 강수량이 적고 매년 홍수로 범람하는 지역이라 농사를 짓기가 어려웠다.[64] 그러

59 Dayagi-Mendels, Drink and Be Merry, 113.
60 Dayagi-Mendels, Drink and Be Merry, 118.
61 Dayagi-Mendels, Drink and Be Merry, 115.
62 Broshi, Bread, 165.
63 Dayagi-Mendels, Drink and Be Merry, 120; 그레나 필립 킹과 로렌스 E. 스태거, 《고대이스라엘 문화》 [임미영 역; 서울: 기독교문서선교회, 2014], 156)는 포도주로 만든 브랜디라고 주장한다.
64 무라카미 미쓰루, 《맥주, 문화를 품다》(이현정 역; RHK, 2014), 16~17.

다 수메르 문명의 탄생 이후에 관개수로를 정비하여 많은 사람을 동원한 대대적인 농사가 가능해졌다. 수메르인들은 토지에 보리, 에마르 밀을 경작했는데, 메소포타미아 하류는 물이 적고 쉽게 마르기 때문에 토양에 염분 성분이 남아 있었고, 이 염분에 가장 강한 보리를 선택하여 맥주를 만들었다.[65] 주전 5천~3천5백 년 사이에 두 종류의 밀과 두 종류의 보리를 경작할 수 있게 되었다.[66]

고대 앗수르를 거쳐 고대 바벨론 시대에는 더 다양한 맥주를 만들었다. 이처럼 맥주와 빵은 상호 밀접한 연관성이 있다. 첫째는 주재료가 같으며 둘째는 효모를 사용한다는 것이다. 그러한 점에서 빵과 맥주는 한 음식의 두 갈래로 이해되었다. 지금처럼 술과 빵이라는 이원론으로 이해하지 않았다.

사람들은 맥주의 기원을 고대인들이 즐겨 먹던 빵과 곡물죽에서 찾는다. 빵은 화로에서 구워 만들지만, 곡물죽(혹은 곡물 자체)은 특정한 상황이나 조건에 이르면 전혀 다른 음식으로 변하는 경우가 종종 있었다. 이것은 아마도 벌꿀이나 과일주의 자연 발효와도 관련이 있었을 것이다.[67] 이 고대인들은 시민들에게 일정한 양의 맥주를 배급하였고 계층에 따라 차등을 주었다.[68]

포도를 포함한 과일은 조건만 맞으면 자연적으로 발효하지만, 곡물의 경우에는 인공적으로 발아 과정을 거치지 않으면 발효하지 않는다는 차이가 있다. 우선 발아한 후 건조해서 보관하고 그것(맥아)을 뜨거운 물에 넣으면 아밀라아제가 녹말을 분해하여 포도당이나 엿당으로 변화시키고, 효

---

65 미쓰루, 〈맥주〉, 23-24.
66 미쓰루, 〈맥주〉, 15.
67 미쓰루, 〈맥주〉, 21.
68 미쓰루, 〈맥주〉, 24.

모가 발효할 수 있는 보리에서 나온 달콤한 액체인 맥아즙이 된다.[69] 수메르 사람들은 보리 발아표→가루→반죽→빵→항아리 순으로, 잘게 부수고 물을 부어 잘 저은 후에 일정 기간을 내버려 두는 방식으로 맥주를 만들었다.[70] 이집트 사람들은 맥주를 만들 때 속을 완전히 굽지 않은 빵을 끓여놓은 상태로 자연 발효를 시켰다는 점에서는 수메르 사람들의 제조방식과 차이가 있다(맥아의 아밀라아제로 빵의 녹말을 당화시키는 것[71]).[72]

술제물로 사용된 독주는 맥주다[73]

고대 이스라엘 사람들은 포도주 이외에도 맥주를 마셨는가? 그들도 마셨을 것이다. 그런데 맥주를 즐겼던 고대 근동인들 가운데 이스라엘에는 맥주에 대한 언급이 없었다는 것이 이상한 일이 아닌가? 이 질문에 대해서는 학자들 사이에 논란이 많았다. 이것은 맥주라는 명확한 명칭이 언급되지 않은 것 때문에 발생한 논란이다. 맥주의 사용 여부에 대해서는 구약에 등장하는 독주(毒酒)에 주목해야 한다. 일상적인 의미에서 독주와 맥주는 거리가 멀어보인다. 맥주는 약한 술인데 독주라고 불렸다니 이상하지 않은가? 이러한 논란은 독주라는 번역과 그 단어의 어원에 대한 논란으로 우리를 인도한다.

69 미쓰루, 〈맥주〉, 21.
70 미쓰루, 〈맥주〉, 22.
71 미쓰루, 〈맥주〉, 25.
72 미쓰루, 〈맥주〉, 25.
73 The Question of Wine and the Drink-Offering of the Old Testament, 원저자불명, Carl A. Allen 편집, via The Berean, Vol. V, No. 5,6, February 2010(http://lavistachurchofchrist.org/LVarticles/QuestionOfWineAndTheDrinkOffering.html)

독주냐 맥주냐

민수기 28~29장에서는 일반적으로 독주라고 번역된 '쉐카르'가 언급된다.[74] 이스라엘은 쉐카르의 16힌을 야웨께 술제물로 매주 드려야 했다. 독주라는 표현이 주는 어감 때문에 혼동을 주지만, 저자는 본문과 생태학적-고고학적 증거로 볼 때, 쉐카르는 맥주가 맞다고 주장한다.[75] 물론 지금까지 대다수는 쉐카르가 포도에서 만들어진 음료라고 주장했으며, 소수의 학자들만이 맥주라고 주장했다.[76]

그러나 다음과 같은 이유들로 해서 쉐카르(독주)를 보리 맥주로 볼 이유가 충분하다.

구분	설명
어원적 측면	쉐카르는 아카드어 슈카루(보리 맥주)에서 유래되었다. 20번의 용례 중에, 포도주와 병행해서 한 번 사용되는 경우는 알코올 음료라는 면에서 포도주와 동의어이기 때문은 아니다.[75]
혼주(混酒)의 존재	비록 맥주에 과일(포도, 시카모어, 무화과)과 꿀(과일즙과 벌꿀), 향신료를 혼합하는 것이 일반적이었지만, 자주 대추야자도 사용하였다.[76] 물론 단순한 술(즉 포도는 과일, 맥주는 보리)을 선호하였지만, 그 외에도 다양한 것들을 첨가하였다.
포도로 만든 쉐카르 나실인, 포도재배의 이사일의, 그리고 발효의 성격	나실인에 대한 규정(민 6:3~4; 삿 13:14), 즉 포도에 대한 절대적 금지를 말한다는 점에서 어떤 사람들은 쉐카르가 포도로 만든 알콜성 음료라고 주장하기도 한다. 그러나 본문들은 혼주의 형태로 말하지 않는다. 여기서 주장하는 바는 그 어떤 알콜성 음료도 마시지 말라는 말이다.[77]
보리의 중요성	보리는 광범위하게 잘 자란다는 점에서 고대 근동과 이스라엘에서 가장 유용한 작물이었다.[78]

---

74 포도주를 의미하는 야인과 쉐카르의 차이는 다음장 포도주의 제의적 사용 부분을 참조하라.

75 Michael M. Homan, "*Beer, Barley, and šekar in the Bible*," in Richard Elliott Friedman & William H. C. Propp (eds.), in Le-David Maskil: A Birthday Tribute for David Noel Freedman(Biblical and Judaic Studies from the University of California, San Diego, vol. 9: Winona Lake: Eisenbrauns, 2004), 28 (25–38).

76 보라, Homan, "*Beer*," 28, n. 13.

성경도 그러한 특징을 잘 설명해준다(신 8:8). 그 가격은 밀의 절반 가격이다(왕하 7:1, 16, 18). 보리는 성전건축자들과 말에게 주어야 했기 때문에 솔로몬의 궁궐 경제를 유지하는데 필요했다(대하 2:9; 왕상 4:28). 보리는 물론 구약에서 맥주와 쉐카르를 연결시켜주는 직접적인 본문 상의 언급은 없지만 제의적으로도 종종 사용되었다(레 27:16; 민 5:15).

포도의 유래와 이스라엘에서의 인기

포도는 원래 북아나톨리아(지금의 터키, 예전의 소아시아[minor-Asia]) 지역의 특산이라고 알려져 있다.[77] 포도(grape-vine)는 '따뜻하고 덥고 건조한 여름과 시원한 겨울의 기후대에서 가장 잘 자란다.'[78] 즉 북반구 20~50도 사이에서 가장 잘 분포해 있었다.[79] 포도의 향과 맛이 고급스럽다는 독특함 때문에 포도나무나 포도주의 형태로 고대 근동 지역, 즉, 메소포타미아와 시리아-팔레스틴(소위 가나안 땅)지역과 이집트에 보급되었고 대단한 인기를 얻게 되었다. 고고학적으로나 (심지어 창세기[14:18; 27:25, 28, 37]를 통해서도) 문헌적으로 이스라엘이 살기 전 팔레스틴 땅에서도 포도를 경작하였음을 알 수 있다. 고대이스라엘 사람들은 팔레스틴 지역에서 보리와 밀은 주식(主食)으로 그리고 올리브, 대추야자, 무화과, 석류, 포도를 음료 및 다양한 목적으로 키웠으며[80] 포도주, 기름, 건포도, 곡식의 형태로 보관했었다.[81]

이스라엘에서 포도의 인기가 매우 높았기 때문에 기온이 높고 물이 희박했던 광야지역을 제외하고, 갈릴리(이스라엘의 북부) 고원지대의 산마루

---

77 Broshi, Bread, 145-6. 아마도 노아가 아라랏 산에서 포도를 키웠다는 것도 일리가 있다고 말한다(Broshi, Bread, 1460).
78 Frankel, Wine, 35.
79 Broshi, Bread, 145.
80 Broshi, Bread, 146.
81 Frankel, Wine, , 38.

로부터 네게브(이스라엘의 남부)지역까지 어느 곳에서나 키울 수 있었다. 이것은 최근의 고대 이스라엘 전역의 고고학적 발굴과 조사를 통하여 입증되었다.[82] 포도나무에서 양질의 포도를 얻으려면 5~6년의 세월이 지나야 했다.[83] 그후에야 비로소 포도주 생산에 사용할 수 있었다.

시편 104:15 (사람의 마음을 기쁘게 하는 포도주와 사람의 얼굴을 윤택하게 하는 기름과 사람의 마음을 힘있게 하는 양식을 주셨도다)은 포도주와 올리브 기름과 빵의 역할을 잘 설명하고 있다(비교, 신 28:51). 앞서 언급한 대로, 이것은 단지 고대인들의 식습관뿐만 아니라, 경제활동과 종교를 포함한 다양한 문화에 영향을 끼쳤다.[84]

포도주의 제작

1) 포도의 종류

당시에 사람들은 포도나무를 바닥을 따라 자라도록 하는 방식(겔 17:6)과 위로 매달아서 고정하는 방식(겔 17:8)[85]과 같은 두 가지 형태로 재배하였다. 이는 오늘날과 유사한 방식이다.[86] 당시에는 민간이나 지역단위의 포도원도 있었지만, 왕정시기에는 다윗(대상 27:27)이나 르호보암(대하 11:11)처럼 왕실 전용 포도원과 별도의 관리자들이 있었다. 포도원에는 포도원 울타리, 고정적인 돌로 쌓아 만든 망대들(미그달림)과, 추수 때만 짓는 초막이 있으며, 대부분 포도원 근처(혹은 내)에 포도주 틀을 두었다. 일반적인 포도는 에나브/아나빔이라고 불렸고, 극상품으로 취급되었

82 Broshi, *Bread*, 147.
83 필립 킹, 로렌스 E. 스태거, 《고대이스라엘 문화》(임미영 역; 서울: 기독교문서선교회, 2014), 152.
84 Frankel, *Wine*, 38.
85 Michal Dayagi-Mendels, *Drink Be Merry: Wine and Beer in Ancient Times: Wine and Beer in Ancient Times* (Jerusalem: The Israel Museum, 1999), 15.
86 Frankel, *Wine*, 35.

던 검붉은 포도(소렉)는 예루살렘 남서쪽 기슭의 소렉 골짜기에서 생산하였다(사 5:2; 렘 2:21).[87] 최하품 포도는 베우쉼(들포도, 고약한 냄새가 나는 포도)이라고 불렸다.[88] 포도는 대부분 포도주를 만들기 위해 재배되었으나, 일부는 건포도 케이크(찌무킴 혹은 아쉬숏)나 포도즙을 끓여 과일꿀 딥스를 만들어 케이크를 달콤하게 만드는 데도 사용하였다.[89]

2) 포도즙 짜는 기구

고고학적 발굴 상의 포도즙 짜는 기구(winepress)의 존재는 팔레스틴에서 초기 청동기 1기 지역에서 다양한 형태로 나타난다.[90]

분류	세부분류
크기에 따른 분류	초소형, 소형, 대형, 그리고 특대형
제작 형태(초기)에 따른 분류	바위를 깎아 만든 경우(대다수)와 지어진 경우
제작 형태(후기)에 따른 분류	모자이크 바닥이 있거나 없는 회반죽을 바른 경우 회반죽을 바르지 않은 경우

포도 착즙기의 경우는 시대별로 그 특징이 다르다.[91] 더 자세한 분류는 아래의 방법에 따른 분류 노표를 보라.

시대적 구분	착즙동력
초기	사람의 발 혹은 기계장치
후기(헬라시기)	나무기둥
후기(로마 혹은 비잔틴 시기)	나무나사

이 다양한 분류법은 아래의 설명을 통해서 더 구체적으로 명확하게 설명할 수 있다. 구약에 따르면, 남녀 그리고 아이들이 포도원에 들어가 포

87 필립 킹, 로렌스 E. 스태거, 《고대이스라엘 문화》 (임미영 역; 서울: 기독교문서선교회, 2014), 152.
88 킹, 스태거, 《고대이스라엘 문화》, 153.
89 킹, 스태거, 《고대이스라엘 문화》, 155.
90 Broshi, *Bread*, 147.
91 Broshi, *Bread*, 148.

도송이를 특별한 칼로 잘라 바구니에 모았다. 이 기간은 축제기간이며 심지어 결혼의 기간이기도 했다(삿 21:21; 렘 48:33).

3) 포도주 제작 과정(세부사항)

포도주와 올리브 기름은 압착에 의한 즙의 생산이라는 점에서 하나의 카테고리로 묶을 수 있으며, 다음과 같은 세 가지 기본 과정을 거친다.[92] 물론 세부적으로는 좀 다르다.

포도주 생산에 관해 부연하면 다음과 같다. 원시적으로는 사람들이 주로 나무, 돌, 혹은 토기 통 위에서 포도를 밟아서 압착하고 포도즙을 생산하였다. 이들을 맨발의 남자들 혹은 소년들이라고 불린다(다라크 야인 바이 카빔[사 16:10; cf. 렘 48:33]). 올리브유와의 차이점이라고 한다면, 포도는 발효를 통하여 포도주가 된다는 점이다.

포도주	올리브 기름
포도알을 밟아 대부분의 포도즙을 뽑아낸다.	올리브 열매를 으깨서 짓이긴 상태로 만든다.
포도 껍질과 줄기에서 남은 포도액을 짜낸다.	짓이긴 것을 압착하여 압착된 액체를 추출한다.
발효	기름과 더 무겁고 물이 섞인 찌꺼기를 분리한다. 20%~30%는 기름, 남은 찌꺼기였다.

포도주는 주로 밟기[93]와 압착으로 제조된다.

1. 첫 포도액은 여러 차례 밟기를 수행하기 전에 포도에서 흘러나온 즙으로 만든 것이다.

---

92 도표의 경우, Rafael Frankel, *Wine and Old Production in Antiquity and in Israel and Other Mediterranean Countries* (Sheffield: Sheffield Academic Press, 1999), 41. 설명은 41~43을 요약한 것이다. 올리브유의 생산에 관해서는 필립 킹, 로렌스 E. 스태거, 《고대이스라엘 문화》(임미영 역; 서울: 기독교문서선교회, 2014), 150-1을 보라.
93 포도나 올리브를 밟는다는 말은 구약에서 10번 언급된다.

2. 두 번째 압착(Second Pressing)을 통해 포도액을 만든다.

3. 찌꺼기 포도주(after-wine)는 압착된 포도 껍데기에 물을 더하여 다시 압착한 것으로 저급한 포도주로 만들어지며 노동자들에게 공급하지만, 포도주로 여기지는 않는다.

4. 앙금 포도주(lees-wine)는 포도주 자체의 나머지(dregs)를 짜서 만들며, 포도주로 여긴다.

5. 졸인 포도액(boiled-Down Must)은 다른 포도주의 단맛을 증가시킬 용도로 새 포도액을 끓여서 만든다.

참고로 포도주는 당도가 24brix 이상이 되어야 하지만, 우리나라 포도는 당도가 부족하기 때문에 포도주를 만들려면 포도즙에 설탕으로 당도를 맞춰야 한다. 왜냐하면 당도가 24브릭스 정도까지 이르지 못하면 발효를 해도 식초가 될 뿐이다. 그런 후에 포도주로 만들기 위해서는 첫 번째 발효, 즉 3~9일 정도 15~20도의 온도로 짧고 매우 거친 발효를 거쳐야한다. 그리고 포도주의 두 번째 발효는 길고 느린 과정을 거쳐야 하는데, 6~12도에 두어야 한다.[94]

방법에 따른 분류[95]

고대 근동에서 고대 그리스-로마로 옮겨가면서 포도즙을 만드는 장비가 사람이 직접 밟아서 만드는 단순형에서 더 효과적인 기계적 장치를 포함하는 압착기(Press)형태로 크게 두 단계로 발전한다.

---

94 Frankel, *Wine*, 43.
95 Frankel, *Wine*, 51–169.

포도 착즙 장치	세부 분류	설명
단순 형태	단순 밟기/파쇄 장비	(두 번째) 바위를 깎아서 만든 형태의 장비가 이스라엘에서 가장 자주 발견되는 가장 단순한 형태로 이루어져 있다. 이 장비의 특징은 윗부분에서 밟기, 파쇄, 압착이 행해지고, 관로를 따라 아래부분으로 액체가 흐르게 한다는 것이다.
	바위를 깎아낸 단순 밟기 장치	
압착기 형태	단순 지렛대와 추형태의 압착기	비록 가장 단순한 압착기 형태이기는 하지만, 사람의 발로 밟아서 행하는 단순한 형태보다는 더 손쉽게 포도즙을 만들어내는 기술이다. 이스라엘에서는 철기1기 이전에는 도입되지 않은 것 같다.[5]
	개선된 지렛대 압착기	마레샤 압착기=지렛대 압착기, 가운데 통, 평평한 기둥으로 구성된다.
		자비다 압착기=지렛대 압착기, 측면 수집기, 구멍이 있는 기둥으로 구성된다. 이외의 다양한 변이들이 있다.
	지렛대와 나사 압착기 (늦게 도입되었다)	지렛대와 나사 압착기
		직접 압착 단순 혹은 이중-나사 압착기

　　포도즙은 주로 아래가 뾰족한 암포라라는 항아리에 보관되었다. 그 주둥이는 진흙, 나무, 혹은 돌로 된 마개들로 막았다.[96] 포도주를 판매할 때 암포라를 사용하기도 했지만, 짧은 거리를 이동하거나 상대적으로 빨리 소비될 수 있는 경우에는 가죽 부대에 넣어서 팔기도 하였다.[97] 이 때, 가죽 부대에 들어있는 상태로도 계속 발효가 진행되기 때문에 새 술은 새 부대에 넣어야 했다(눅 5:37~38). 마실 때는 당연히 다양한 형태의 잔에 부어 마셨다.[98]

---

96 Dayagi-Mendels, *Drink and Be Merry*, 30: 코르크 마개의 역사는 맥거번, 〈술의 세계사〉, 19ff.를 보라.
97 Dayagi-Mendels, *Drink and Be Merry*, 41.
98 Dayagi-Mendels, *Drink and Be Merry*, 53ff.

히브리(구약)성경에 사용된 용어들[99]

이스라엘의 포도주 틀은 다음과 같이 가장 원시적인 형태를 갖추었다.[100]

이것[포도주틀]은 두 개의 둥근 혹은 직사각형의 수조, 즉 압착조(壓搾水槽)와 집수조(集水槽)로 이루어져 있다. 두 개 모두가 바위나 땅에 구멍을 낸 것으로서, 돌을 깔았고, 송진을 표면에 발랐다. 압착조(가트)는 넓이가 16평방미터정도(172평방피트)에 이르며; 깊이가 20~30센티미터(8~12인치)였으며, 한 쪽이나 구석으로 기울어져 있었다. 그에 비해서 집수조(예케브)는 더 낮고 더 작으며, 1미터(40인치)정도의 깊이였으며; 집수조는 관로를 통하여 압착조와 연결되어 있었다.

포도주 틀(installations)에 대한 용어들은 다음과 같다. 이것은 거의 확실히, 단순한 발로 밟는 장치를 지칭한다(가장 원시적인 형태다).[101] 우리말 성경에는 '포도주 틀'(삿 6:11; 욜 3:13) 외에도 '포도즙 틀'(사 63:2~3), '술틀'(느 13:15; 욥 24:11; 사 5:2; 애 1:15; 호 9:2), '포도주 짜는 곳'(슥 14:10)이라고 다양하게 묘사된다.

용어	부연설명
술틀	예케브라는 표현은 레 24:11; 왕하 12:10; 호 9:2에 등장하는데(15회), 이것은 바위를 깎은 함몰부분을 의미한다. 또한 이 단어는 타작마당과 연관지어 나타나기도 한다.
포도주틀	가트라는 표현은 수 11:22; 삿 6:11 등에 나타나며(5회) 제1성전기말 혹은 그 이후부터는 행정본부라는 의미에서 개념이 축소되어 포도주 양조장과 관련하여 사용된 것 같다.
포도즙틀	푸라라는 표현은 사 63:3과 학 2:16에만 등장한다.

99 Frankel, Wine, 185–186, 198–99.
100 W. Dommershausen, "yayin," Theological Dictionary of the Old Testament, vol. vi (Grand Rapids: Eerdmans, 1990), 60–61 (59–64).
101 Frankel, Wine, 185.

포도주의 용어

구약에 사용된 여러 가지 포도주를 가리키는 용어들이 등장한다.[102]

우리말 번역	원어발음과 해설
포도주	야인(yayin), 포도주에 대한 가장 일상적인 용어
포도주/새포도주	티로쉬(tirosh)[102], 새 술(혹은 포도주스)(미 6:15; 느 10:38 등).
단포도주	아시스('sys), 과일주스 혹은 새 술(티로쉬와 시적 동의어다)
독주	쉐카르[103], 후대 히브리어에서는 맥주나 대추술 등을 의미한다(레 10:9; 민 6:3; 신 29:5; 삿 13:4; 삼상 1:15). 그러나 시의 댓구에서 새 술과 병행하여 등장하기 때문에 동의어로 보기도 한다.[104]
붉은 포도주	헤메르(신 32:14)
식초/신포도주	호메츠, 식초뿐만 아니라 신포도주로 번역된다(룻 2:14).
포도의 꽃	세마다르, 꽃의 향미를 더한 포도주나 야생포도주?[105]
찌꺼기	쉐마르, 마지막 한모금(방울)
혼합주	메삭/마삭/마자그, 혼합주(시 75:9[8]; 잠 9:2, 5; 23:30; 사 5:22; 65:11)
지역 특산 포도주	헬몬산 포도주(겔 27:18), 레바논산 포도주(호 14:7[8]) 사마리아산 포도주(왕상 21:1; 렘 31:5), 요단 동편의 헤스본, 시브마, 야셀산 포도주(사 16:8.; 렘 48:32), 엔게디산 포도주(아 1:14), 헤브론 근처 에스골 포도주(민 13:23), 등
포도주	하마르(히브리어로는 헤메르), 바벨론 포도주(에스라, 다니엘서 아람어 본문)

우리말 성경에서 혼란이 오기는 하지만, 포도와 포도주가 한 단어로 일반적으로 사용된다는 점에서, 일부 사람들이 주장하듯이 바로가 자기 생일 잔치 술맡은 관원장(마샤크 mshq, '마시다'에서 나옴)이 올린 포도주가 '발효되지 않은' 포도즙이었다고 볼 근거는 없다(창 40:9~11).[103] 이것은 고대 이집트의 술문화에 대한 오해가 빚은 것이다.

102 Kreglinger, *The Spirituality*, 221-5.
103 H. C. 류폴트, 《창세기 下》, 《최종태 역; 서울: 크리스챤서적, 1987), 889.

술[포도주] 맡은 관원장이 그의 꿈을 요셉에게 말하여 이르되 내가 꿈에 보니 내 앞에 포도나무가 있는데 그 나무에 세 가지가 있고 싹이 나서 꽃이 피고 포도송이가 익었고 내 손에 바로의 잔이 있기로 내가 포도를 따서 그 즙을 바로의 잔에 짜서 그 잔을 바로의 손에 드렸노라

구약에 등장하는 '술 맡은 자'는 왕실의 고위 관료로서 왕의 술을 담당하는 직책으로 왕의 가장 깊은 신뢰를 받는 자로 왕에게 큰 영향력을 행사한 자들로 알려져 있다(보라, 왕상 10:5; 대하 9:4).

심지어 바벨론 포로 이후에는 포로민 출신 이스라엘 사람이 이방제국의 고위, 최측근 직책까지 오른 경우도 있었다. 느헤미야는 페르시아 제국의 아닥사스다(Artaxerxes) 1세의 술맡은 자(cup-bearer)로 봉직하였다(느 1:1~11).

그가 가축을 위한 풀과
사람을 위한 채소를 자라게 하시며
땅에서 먹을 것이 나게 하셔서
사람의 마음을 기쁘게 하는 포도주와
사람의 얼굴을 윤택하게 하는 기름과
사람의 마음을 힘있게 하는 빵을 주셨도다(시 104:14~15).

유대교로부터 이어지는 기독교의 수천 년 역사에 나타난 술의 문제는 단순히 문화의 문제가 아니라, 신학의 문제였다. 그러한 점에서 유대교와 기독교 공통의 경전인 구약과 기독교의 경전인 신약에 술과 관련된 언급들이 많이 등장한다는 점은 의미가 깊다.[104] 그동안 기독교에서 성경이 술을 마시는

---

104 구약과 신약에서 사용된 용어들과 단어들에 대해서는 Gisela H. Kreglinger, *The Spirituality of Wine* (Grand Rapids: Eerdmans, 2016), 22-228를 보라.

문제에 대한 이런저런 견해는 많지만, 실제로 구약성경의 음주 문화의 배경에 되는 고대 근동, 즉 이집트, 팔레스틴, 그리고 메소포타미아, 그리고 신약성경의 음주 문화의 배경이 되는 고대 유럽의 그리스-로마 문화와 관련하여 기독교의 음주를 설명하거나 가르침을 받기가 어려웠다. 게다가 성경 본문 자체도 그러한 문화적 배경을 자세하게 언급하지 않았다. 예를 들면, 고대 이집트의 음주 문화에 대한 일부 구절들(시 78:47; 105:33; 민 20:5)을 통하여 포도나무, 뽕나무, 무화과나무, 석류 등이 이집트에서 재배되었음을 추측할 수 있을 정도다.

구약성경에 나타난 포도주와 맥주

구약성경에 이스라엘이 사는 가나안 땅을 '밀과 보리가 자라고 포도와 무화과와 석류가 여는 땅이요, 올리브나무 기름과 꿀이 나는 땅'(신 8:7~8)이라고 묘사했는데, 이 표현 자체가 이스라엘 땅이 포도주와 맥주(밀과 보리)를 빚기에 최적의 장소라는 의미다.[105] 구약에서 포도주에 대한 언급은 매우 많지만, 맥주에 대한 직접적인 언급은 드물다. 물론 구약은 포도주와, 다른 과일과 꿀과 곡물로 만든 술(독주)을 구분하고 있을 뿐이다. 이러한 모호함은 고대 이집트와 바빌로니아, 심지어 중국에서의 유사한 전례가 있다.[106] 그럼에도 불구하고, 구약의 독주는 맥주라고 보아야 할 것이다.

포도주는 족장시대에 일상적인 음식으로 나타나며(아브라함[창 14:18], 이삭과 야곱[27:25, 28, 37], 야곱의 축복[49:10~12]), 모세시대 이후에도 하나님이 인간에게 주신 축복의 땅의 중요한 소산이며(민 13:21~27; 신 6:11; 7:12~13; 8:8; 33:28; 삿 9:13) 약속의 땅에서 이스라엘이 적

105 블루메, 《맥주》, 94.
106 블루메, 《맥주》, 95.

법하게 행할 제의 행위와 종교적 축제에 사용되었다는 점에서 그 긍정적인 기능을 쉽게 찾아볼 수 있다. 심지어 남녀 간의 사랑의 장면에서도 포도주는 찬양의 대상이 된다(아 1:2, 4; 4:10; 5:1; 7:2, 9; 8:2). 더 나아가 포도나무와 그 열매는 메시아시대의 복된 삶의 한 징조로도 사용된다. '[그 날에] 각 사람이 자기 포도나무 아래와 자기 무화과나무 아래에 앉을 것이라 그들을 두렵게 할 자가 없으리니'(미 4:4; 슥 3:10; 8:12). 그 외에도 포도주는 아이가 젖을 뗄 때(창 21:8), 결혼축제(창 29:21~22), 생일(창 40:20; 욥 1:4, 5, 13, 18), 언약체결(삼하 3:20), 왕의 즉위식(대상 12:40) 때에도 사용되었다.

포도원의 상징적 표현 : 이스라엘

이스라엘은 하나님이 가나안에 옮겨심으신 포도원(나무)이며 가장 사랑하시는 것으로 이에 대하여 온갖 정성을 다하시고 큰 기대를 거셨던 존재였다(시 80:8, 14). 그러나 그 포도나무는 하나님의 기대를 저버리고 악한 포도나무로서 결실의 계절에 나쁜 포도 열매를 맺었다. 하나님은 이스라엘로부터 극상품 포도주를 만들기 원하셨으나, 실패하고 말았다. 그러한 점에서 이스라엘의 악행에 대한 하나님의 심판을 말할 때도 포도나무(원), 그리고 심지어 포도주들에 대한 은유가 많이 사용된다. 이러한 은유는 예언서에 주로 등장한다. 이사야서 5:1~7이 관련된 유명한 구절들 가운데 하나다.

나는 내가 사랑하는 자를 위하여 노래하되

내가 사랑하는 자의 포도원을 노래하리라

내가 사랑하는 자에게 포도원이 있음이여

심히 기름진 산에로다

땅을 파서 돌을 제하고

극상품 포도나무를 심었도다

그 중에 망대를 세웠고

그 안에 술틀을 팠도다

좋은 포도 맺기를 바랐더니

들포도를 맺었도다

이제 예루살렘 주민과 유다 사람들아

구하노니 나와 내 포도원 사이에서 사리를 판단하라

내가 내 포도원을 위하여 행한 것 외에

무엇을 더할 것이 있으랴

내가 좋은 포도 맺기를 기다렸거늘

들포도를 맺음은 어찌 됨인고

이제 내가 내 포도원에 어떻게 행할지를

너희에게 이르리라

내가 그 울타리를 걷어 먹힘을 당하게 하며

그 담을 헐어 짓밟히게 할 것이요

내가 그것을 황폐하게 하리니

다시는 가지를 자름이나

북을 돋우지 못하여

찔레와 가시가 날 것이며

내가 구름에게 명하여

그 위에 비를 내리지 못하게 하리라

무릇 만군의 여호와의 포도원은

이스라엘 족속이요

그가 기뻐하시는 나무는

유다 사람이라

그들에게 정의를 바라셨더니 보라, 포학이요

그들에게 공의를 바라셨더니 보라, 부르짖음이었도다

포도나무(원)에 대한 은유 외에도, 이스라엘에 대한 심판의 은유에서는 포도주 틀에 대한 언급도 포함된다. 예를 들어서, 요엘은 다음과 같이 말한다.

너희는 낫을 쓰라 곡식이 익었도다

와서 밟을지어다 포도주 틀이 가득히 차고 포도주 항아리가 넘치니 그들의 악이 큼

이로다(욜 3:13)

마찬가지로 이스라엘의 회복에 대한 말씀에서 풍성한 포도나무(원)에 대한 묘사가 채택된다(호 14:7; 사 27:3~6).

그 그늘 아래에 거주하는 자가 돌아올지라

그들은 곡식 같이 풍성할 것이며

포도나무 같이 꽃이 필 것이며

그 향기는 레바논의 포도주 같이 되리라(호 14:7)

이와 같은 이스라엘의 회복의 말씀을 메시아를 기대하는 종말론적 측면에서 확대된다. 그 날은 잔치와 축제의 날이 될 것이며, 극상품 포도주가 넘쳐 날 것이다(사 25:6; 65:17~25).

만군의 여호와께서 이 산에서 만민을 위하여 연회를 베푸시리니 기름진 것과 오래 저장하였던 포도주로

곧 골수가 가득한 기름진 것과 오래 저장하였던 맑은 포도주로 하실 것이며(사 25:6)

보라 내가 새 하늘과 새 땅을 창조하나니

이전 것은 기억되거나

마음에 생각나지 아니할 것이라

너희는 내가 창조하는 것으로 말미암아

영원히 기뻐하며 즐거워 할지니라

보라 내가 예루살렘을 즐거운 성으로 창조하며

그 백성을 기쁨으로 삼고

내가 예루살렘을 즐거워하며

나의 백성을 기뻐하리니

우는 소리와 부르짖는 소리가

그 가운데에서 다시는 들리지 아니할 것이며

거기는 날 수가 많지 못하여 죽는 어린이와

수한이 차지 못한 노인이

다시는 없을 것이라

곧 백 세에 죽는 자를 젊은이라 하겠고

백 세가 못되어 죽는 자는 저주 받은 자이리라

그들이 가옥을 건축하고

그 안에 살겠고

포도나무를 심고 열매를 먹을 것이며

그들이 건축한 데에 타인이 살지 아니할 것이며

그들이 심은 것을 타인이 먹지 아니하리니

이는 내 백성의 수한이 나무의 수한과 같겠고

내가 택한 자가 그 손으로 일한 것을 길이 누릴 것이며

그들의 수고가 헛되지 않겠고

그들이 생산한 것이 재난을 당하지 아니하리니

그들은 여호와의 복된 자의 자손이요

그들의 후손도 그들과 같을 것임이라

그들이 부르기 전에 내가 응답하겠고

그들이 말을 마치기 전에 내가 들을 것이며

이리와 어린 양이 함께 먹을 것이며

사자가 소처럼 짚을 먹을 것이며

뱀은 흙을 양식으로 삼을 것이니

나의 성산에서는 해함도 없겠고 상함도 없으리라(사 65:17~25)

포도주의 용도

구약에서 포도주의 용도는 다양했다. 우리가 아래에서 다룰 용도들은 주로 다양한 축제들, 제의와 종교적 절기, 그리고 의료적 용도 등이다.

1) 축제들

구약에서 음주를 포함한 축제는 비종교적 축제(미슈테)와 종교적 축제(마르제아흐)였다. 마르제아흐를 따로 떼어놓는 이유는 그것이 종교적 축제이기는 하지만, 고대 이스라엘의 공식적 제의와는 구별되기 때문이다.

(1) 세속적 축제

먼저 비종교적 축제를 살펴보자. 연회(宴會)라고 번역할 수 있는 미슈테(mišteh)라는 말은 '술을 마신다'는 의미의 샤타(šatah)라는 말에서 유래하였다. 연회장은 포도주를 마시는 방(베트 미슈터 하야인)이라고 불렸다 (에스더 7:8). 헬라어 심포지온은 심(함께)+피노(술을 마시다)라는 말에서 유래한 것이다. 정확한 의미가 미확정적인 '마르제아흐'라는 표현은 구약 을 포함하여 고대 근동의 다양한 시기에 여러 곳에서 발견된다.[107]

우선 왕의 연회는 바로의 연회(창 40:20), 아하수에로의 연회(에스더 1:5; 5:5~6), 벨사살의 연회(단 5장)가 있고 그 외에도 여인들의 연회(에스더 1:9)[108]라든지 생일과 관련해서 열리는 가족들의 연회(욥 1:4, 5)도 있었으며 다른 연회에는 포도 추수 축제(삿 9:27; 사 24:7~9), 아이가 젖을 뗄 때(창 21:8~9), 집을 지었을 때(잠 9:1~6), 양털을 깎을 때(삼상 25:2, 36f.), 왕의 즉위식 때(대상 12:40[39]), 언약을 체결할 때(삼하 3:20f.), 결혼 축제(창 29:22), 형제들의 축제(창 43:34)등도 있었다.[109]

(2) 비공인 종교 축제

또 다른 연회는 정통으로 여겨지지 않은 비공인 종교 축제였다. 이것은 고대 근동 우가릿 등에서 발견되는 제의적 성격의 축제로서, 비슷한 계층의 사람들(아마도 최고 계층과 특권층[110])이 벳 마르제아흐(마르제아흐의 집)에 함께 모여 제의를 집행하고 축제를 벌였던 마르제아흐라는 연회다(보라, 렘 16:5~9). 이 연회에서는 랍 마르제아흐(rab marzeah)가 사회자 역할을 수행하였다. 구약은 사마리아 상류층의 마르제아흐 연회 등을 언급하였다(암 6:1, 3~7; 4:1; 사 28:1~4, 7~8; 렘 16:5~9; 겔 39:17~20). 이 연회는 참여자들이 먹고 마시면서 며칠간 진행되었는데, 사자제의(死

---

107 John L. McLaughlin, *The Marzeah in the Prophetic Literature: References and Allusions in Light of the Extra-Biblical Evidence* (SVT lxxvi; Leiden: Brill, 2001), 1. 도표에 등장하는 세부적인 논의는 McLaughlin, *The Marzeah*, 127-128.
108 Dayagi-Mendels, *Drink and Be Merry*, 79.
109 자세한 논의는 Cary Ellen Walsh, *The Fruit of the Vine: Viticulture in Ancient Israel and the Hebrew Bible* (unpublished Dissertation of the Doctor of Theology, Harvard University, 1996)를 보라.
110 맥거번, 〈술의 세계사〉, 314.

者祭儀) 혹은 사별로 인한 애통자를 위로하는 의식이라고도 알려져 있다(비교, 렘 16:5~8).[111] 이러한 주연은 주전 14세기 우가릿에서 주후 3세기의 팔미라에서까지 발견할 수 있으며, 이사야(5:11~12)는 이것을 부정적으로 보았고, 아가서(2:4)는 이것을 긍정적으로 보았다.

2) 술의 제의와 종교적 절기에 사용

구약의 관련구절은 민수기 15장과 신명기 12:17에 나타난다. 역대하 9:29에 따르면 레위인이 포도주의 보관을 담당한다. 하나님을 예배하는 데 고기와 곡식뿐만 아니라, 술도 사용되었다는 것은 고대 근동의 관례를 보더라도 당연한 것이다(출 29:40; 민 15:5, 7, 10; 18:12; 28:24). 대부분의 경우에 술 예물은 포도주로 드려졌으나, 종종 독주(맥주)도 드려졌다. 포도주는 하나님이 주신 자연과 인간의 수고의 산물 가운데 가장 좋은 것들 가운데 하나로 여겨졌다(레 23:13; 민 18:27; 28:14; 신 14:22~23; 15:14).

너는 마땅히 매 년 토지 소산의 십일조를 드릴 것이며 네 하나님 여호와 앞 곧 여호와께서 그의 이름을 두시려고 택하신 곳에서 네 곡식과 포도주와 기름의 십일조를 먹으며 … 네 마음에 원하는 모든 것을 그 돈으로 사되 소나 양이나 포도주나 독주 등 네 마음에 원하는 모든 것을 구하고 거기 네 하나님 여호와 앞에서 너와 네 권속이 함께 먹고 즐거워할 것이며(신 14:22~23, 26)

구약에 등장하는 술제물의 용례를 간단하게 정리하면 다음과 같다.[112] 사실 전제물은 이스라엘의 제의법이 완성되기 전에도 언급된 바 있다. 구약

111 Dayagi-Mendels, *Drink and Be Merry*, 79~80.
112 https://www.biblegateway.com/resources/dictionary-of-bible-themes/7350-drink-offering

에 나오는 첫 술제물은 하나님이 이름을 이스라엘로 바꾸신 직후에 야곱이 사용한 것으로 나타난다.

> 야곱이 하나님이 자기와 말씀하시던 곳에 기둥 곧 돌 기둥을 세우고 그 위에 전제물을 붓고 또 그 위에 기름을 붓고(창 35:14).

기쁨과 감사와 찬양의 자발적인 제물들인 번제물, 화목제물 혹은 곡식제물을 동반하여 술제물이 제단 바닥에 부어졌다. 전제물은 출애굽기 29:40의 아침과 저녁의 제물들을 포함하여 번제물과 곡식제물에 포함된다. 레위기는 다섯가지 제물을 언급하는데, 관제 혹은 부어드리는 술제물(nešek)은 레위기에서 세군데에서만 언급되어있다(23:13; 18:37). 민수기 15장은 그 외에도 함께 드리는 술제물(관제, 혹은 전제물)을 특별히 언급한다. 구약에서 포도주로 드리는 술제물은 노아의 제사와 야곱의 벧엘신현(창 35:14)뿐만 아니라, 기름과 포도주 제물(삿 9:9, 13), 곡물과 포도주 제물(삼상 1:24; 10:3), 그리고 예언서의 포도주(호 9:4)와 기름(미 6:7)에 대한 언급 속에서 찾아볼 수 있다. 제의법 규정에 따르면 전제물의 양은 희생제물의 크기에 따라 달라졌다(보라, 민 15:5, 7, 10).

아래는 구약에 나타난 전제물의 사용례로 분류한 분류표다.[113]

전제물	세부사항
사용된 절기들과 거룩한 축제들	매일의 제물(출 29:41; 민 28:7~8; 레 23:13); 칠칠절 첫열매(레 23:18; 민 28:31); 초막절(레 23:37; 민 28:24; 29:30-31); 유월절(민 28:9-10); 안식일 제물(민 28:14); 매달 첫날의 제물(민 28:15); 나팔절(민 29:6); 속죄일(민 29:11)

---

113 https://www.biblegateway.com/resources/dictionary-of-bible-themes/7350-drink-offering

드리는 시기	비의도적인 범죄에 대한 제물과 함께 드린다(민 15:24) 특정한 시기를 표시할 때: 나실인의 맹세를 취한 후에(민 6:17); 왕의 즉위식(대상 29:21); 종교개혁기간(대하 29:35); 에스겔의 회복된 예배의 환상(겔 45:17)
오용에 따른 하나님의 불쾌감	우상제물(렘 7:18; 보라, 또한 사 57:6; 렘 19:13; 32:29; 44:17~19, 25; 겔 20:28).
하나의 상징	메뚜기 재앙 이후의 회복에 대한 상징(욜 2:13~14)
	헌신과 희생의 상징(빌 2:17; 보라, 또한, 삼하 23:15~17; 딤후 4:6~8)
메시아의 상징	이사야는 전제물의 이미지를 죽기까지 자신의 생명을 쏟아붇는 고난받는 종의 마지막을 묘사하는데 사용한다(53:12).

민수기 15:1~16은 개인적인 제의와 공적 제의로서 축제적인 측면 모두에서[114] 5대 제물을 다룬다. 레위기에 번제물, 곡식제물, 화목제물, 속죄제물, 속건제물로 이루어진 5대 제물이 있다면, 민수기 15:1~16은 레위기(1~3장과 6:1~11; 7:11~34)의 규정을 보충하는 측면에서 번제물, 곡식제물, 화목제물, 속죄제물, 술제물(관제물, 5, 7, 10절)로 이루어진 5대 제물을 다룬다.[115] 이 단락은 곡식제물과 술제물의 재료들을 다룬다. 술제물(전제물)을 붓는 장소에 대한 논란은 있다. 민수기 28:7(그 전제는 어린양 한 마리에 사분의 일 힌을 드리되 거룩한 곳에서 여호와께 독주의 전제를 부어 드릴 것이며)은 불명(不明)의 장소에 독주(毒酒)의 술제물을 하나님께 부어드린다고 말하며, 추가로 포도주도 회막의 제단에 술제물로서 부었다(민 15:5~10). 술제물은 매달 초하루에 사용한다(민 28:14). 그리고 술제물의 붓는 행위는 에스겔 46:6~7에는 나오지 않는다.[116] 민수기

114 Baruch A. Levine, *Numbers 1-20* (AB 4A; New York: Doubleday, 1993), 385.
115 Levine, *Numbers 1-20*, 385.
116 Morris Jastrow, Jr., *"Wine in the Pentateuchal Codes," Journal of the American Oriental Society* (1913): 180-192는 더 오래된 전통(금지)과 포로이후의 전통(허용)으로 포도주가 제물로 언급되는가 아닌가를 판단한다(pp. 189-190).

15:1~16의 제물들의 목록에 대한 내용을 간단하게 요약하면 다음과 같다.[117]

3 소나 양에서 취한 예물로 여호와께서 기뻐하시는 향기를 내도록 헌납제물이나 낙헌제물이나 정한 절기를 위하여 준비된 번제물이나 음식예물을 야웨께 드릴 때, 4 그러한 헌물을 드리는 자는 고운 가루 십분의 일에 기름 사분의 일 힌을 섞어 여호와께 소제물로 드릴 것이며 5 전제물의 경우는 포도주 사분의 일 힌(3.6리터의 1/4)을 준비하라. 이것들을 번제물에 추가하거나, 거룩한 식사를 위하여 양 한 마리를 드릴 때 그것을 수행해야 한다. 6 혹은 숫양을 드리는 경우, 고운 가루 십분의 이에 기름 삼분의 일 힌을 섞은 소제물을 준비하라. 7 전제물의 경우 포도주 삼분의 일 힌(3.6리터의 1/3)을 드려라. 이것들을 여호와를 기쁘게 하는 향기를 낼 것이다. 8 여호와를 경배하는 봉헌제물이나 거룩한 선물로 떼어두기 위한 목적으로, 소의 머리로 이루어진 번제로나 거룩한 식사를 드릴 때, 9 소의 머리와 함께 소제물로 고운 가루 십분의 삼 에바에 기름 반 힌을 섞어 드리고 10 전제물의 경우 포도주 반 힌(3.6리터의 1/2)을 드려 여호와를 기쁘게 하는 향기를 낼 것이다. 11 마찬가지로 수소와 숫양이나 혹은 숫양이나 어린 염소의 머리를 위하여 위와 같이 수행하라. 12 너희가 준비하는 수효를 따라 각기 수효에 맞게 하라.

민수기 15장에서 올리브 기름과 포도주의 양은 다음과 같이 제물로 드리는 짐승의 크기와 가치에 따라 달라진다.[118] 레위기의 첫 곡식단(23:12~14), 초막절(23:18), 민수기의 나실인의 제사(민 6:14~17)등 특별한 경우에만 드리도록 규정하고 있으나, 민수기 15장의 경우에는 모든 경우에 드릴 것을 명령하고 있다. 추가적으로 에스겔 46:5~7, 11, 14에서는 동일한 크기를 요구하고 있고, 술제물에 관한 언급이 없다.

---

117 다음은 개정개역을 비롯 바룩 레빈의 *Numbers 1-20*의 본문번역(pp. 386-87)을 따라 수정한 것이다.
118 Thomas R. Ashley, *The Book of Numbers* (NICOT; Grand Rapids: Eerdmans, 1993), 275.

짐승의 분류	곡식 예물(+올리브기름)	전제물(포도주)
양 혹은 염소(작은 짐승)	0.1 에바+.25 힌	0.25힌
숫양(작은 짐승)	0.2 에바+3.3힌	0.33힌
소(큰 짐승)	0.3 에바+.5 힌	0.5 힌

전제물의 처리에 대한 가장 일반적인 입장은 제물을 드린 후에, 포도주 사발에 구멍을 뚫어 제단 위에 올려놓아 제단 바닥 아래까지 흐르게 하였다고 보는 것이다(집회서 50:15[공동번역개정판], '그가 손을 내밀어 거룩한 잔을 들고 포도즙을 약간 부어, 제단 밑에 쏟을 때, 만물의 왕이시며 지극히 높으신 분께 [피어] 오르는 향기가 그윽하였다.').[119]

민수기 28~29장 (제의달력)에서는 다양한 제물에 전제물 (네쉐크)이 추가되는 경향성을 보여준다. 여기에서 사용되는 전제물(문자적으로 소유격이 의미하듯이)은 곡식제물보다는 번제물과 관련이 있어 보인다.[120]특별히 상번제물 규정에 등장하는 독주(쉐카르)에 대해 학자들 사이에 포도주냐[121] 맥주냐에 대한 이견들이 존재하지만, 저자는 (위에서 논의하였듯이) 맥주로 이해한다.

이방신들에게도 전제물을 드렸다

이스라엘 사람들이 제단에 전제물(술제물)을 드렸던 관행은 야웨를 버리고 다른 신들을 섬길 때도 유지되었다. 그러한 관행은 예레미야서에서 잘 나타난다. 이스라엘이 다양한 이방신의 제단에 드리는 분향(焚香, katar)과 관련하여 병행하는 표현은 핫섹 느사킴 '전제물을 붓는다'이다(

119 보라, 요세푸스, 《상고사》, 3.9.4.
120 Baruch A. Levine, *Numbers 21-36* (Achor Bible Commentary; New York: Doubleday, 2000), 374.
121 Levine(*Numbers 21-36*, 375)은 포도주의 일종으로 여긴다.

렘 19:13; 32:29; 44:17~19, 25).

구절	내용
19:13	하늘의 만상에 분향하고 다른 신들에게 전제를 부음으로 더러워졌은즉
32:29	성과 집 곧 그 지붕에서 바알에게 분향하며 다른 신들에게 전제를 드려 나를 격노하게 한 집들을 사르리니
44:17~19	하늘의 여왕에게 분향하고 그 앞에 전제를 드리리라 하늘의 여왕에게 분향하고 그 앞에 전제 드리던 것을 폐한 후부터는 하늘의 여왕에게 분향하고 그 앞에 전제를 드릴 때에
44:25	하늘의 여왕에게 분향하고 전제를 드리리라 하였은즉

이것은 요엘서 1:9, 13; 2:14, 이사야 57:6의 민하 바네쉐크(소제물과 전제물)과 관련이 있다.

마시는 것이었는가, 부어드리는 것이었는가

포도주는 제단에서 어떻게 사용되었을까? 마신다는 주장과 부어드렸다는 주장이 있다. 필자는 후자로 본다. 제물로 드려진 포도주는 네쉐크로 보아야한다. 네쉐크의 세부적 의미는 다음과 같다.

1) 전제물(네쉐크)이라는 말 자체가 붓는다(pour out)는 말에서 나왔듯이, 예배자는 전제물을 번제단에 제물로 부었다(창 35:14; 출 30:9; 출 38:1; 스 7:17; 신 32:38; 민 28:7; 왕하 16:13; 사 57:6; 렘 7:18; 19:13; 32:29; 44:17~19, 25; 겔 20:28).

2) 전제물은 음식예물과 관련이 있다(레 6:10; 민 15:3, 10, 13~14; 출

29:41; 레 1:9, 13, 17; 23:13,18; 민 8:2, 6, 8, 13, 24; 29:6, 13, 36; 레 2:12; 민 15:1~14; 28:1~29:40; 15:3, 5, 8; 15:10; 28:8).

3) 마쉬케(Mašqeh)는 음료, 즉 마실 수 있는 액체를 의미하지만(레 11:34; 사 32:6), 네쉐크(Nešek)는 '부어지는 것'이란 의미로, 술을 포함하여 기름(창 35:14), 피(시 16:4), 녹은 금속[형상](사 41:29; 48:5; 렘 10:14; 51:17) 모두를 의미한다.

4) 예수는 최후의 만찬에서 새언약을 위한 자신의 피흘림(포도주로 상징한다)을 부어서 드리는 전제물의 역할로 이해한다(눅 22:20). 게다가 십자가에서 예수의 (옆구리를 통한) 피쏟음도 전제물의 역할과 비교된다(요 19:33).

3) 술의 의학적 용도

마지막으로 성경은 포도주가 치료용으로도 사용되었다고 말한다.[122] 잠언은 낙심된 자와 고통이 극심한 자에게 포도주를 줄 것을 권고하고 있다(31:6~7; 보라, 또한 삼하 16:2). 또한 포도주는 할례 후 유아들에게 주었고 십자가에 달리신 예수께 고통을 경감하는 용도로 드려졌다. 마찬가지로 포도주는 진통제로서 사용되었다. 또한 포도주의 알코올 성분은 물을 정화하는 데도 쓰였다.

금주(혹은 절주)에 대하여

앞서 언급한 대로, 포도주에 대한 부정적인 태도도 구약성경과 심지어

---

122 Dayagi-Mendels, *Drink and Be Merry*, 109.

유대교에도 남아있다. 유대교의 해석 중에는 술에 대한 아주 흥미롭고 비극적인 해설이 전해진다. 이 해설은 성경 내용을 근거로 크게 확장한 것이다. 그 이야기의 주인공은 노아와 사탄이다. 그 해설에 따르면, 노아가 아라랏산 비탈에서 포도원을 경작할 때, 사탄이 나타나 포도 수확을 나누는 조건으로 노아를 도와주기로 했다고 한다. 사탄은 노아의 동물 가운데 양, 사자, 유인원, 돼지를 죽여서 그 피를 비료로 사용했다. 그렇게 자란 포도를 수확해서 노아가 포도주로 마시자, 노아에게서 죽은 동물들의 습성이 나타나기 시작했다.[123]

> 첫잔을 마신 이의 행동은 양처럼 온순하다. 그런데 둘째 잔을 마신 후, 마신 이는 사자처럼 용감해진다. 와인 셋째 잔을 마신 이를 유인원처럼 행동하게 만들고, 넷째 잔을 마신 후에 마신 이는 진창에서 뒹구는 돼지처럼 군다.

성경에 나타난 드물지만 절대 금주의 증거는 다음과 같다. 제사장들은 직무 중 술을 마실 수 없었다(레 10:8~9). 그러니 이스라엘 사람들은 원하는 대로 소나 양이나 포도주나 독주 등 네 마음에 원하는 모든 것을 사 와서 하나님 여호와 앞에서 식구들과 함께 먹고 즐거워해야 한다(신 14:26). 평신도인데도 나실인의 경우는 포도주로 된 초나 독주로 된 초를 마시지 말며 포도즙도 마시지 말며 생포도나 건포도도 먹지 말지니 포도나무 소산은 씨나 껍질이라도 먹지 말라는 가장 강력한 명령을 받았을 정도다(민 6:3~4). 구약에서는 포도주뿐만 아니라, 맥주의 과음도 정죄받았다(사 5:11; 28:7; 잠 20:1; 31:4).

레갑 사람들(렘 35:6~7)이나 에센파 사람의 금주에 관해서는 논란이 있

123 필립스, 〈알코올〉 85.

다. 이들이 금주했다는 주장도 있지만, 마시지 않았다는 적절한 증거는 없다.[124] 그러나 금주를 엄격하게 실천하였던 사람은 광야에서 주로 사역하였던 세례자 요한이었을 것이다. "세례자 요한이 와서 떡도 먹지 아니하며 포도주도 마시지 아니하매 너희 말이 귀신이 들렸다 하더니 인자는 와서 먹고 마시매 너희 말이 보라 먹기를 탐하고 포도주를 즐기는 사람이요 세리와 죄인의 친구로다"(눅 7:33~34). 예수의 제자들과는 달리, 세례자 요한의 제자들은 금주를 실천하였다.

제사장이나 나실인과 같이 온전히 하나님께 헌신된 자들로서, 또 왕과 같이 그 직무가 갖는 중대함으로 인하여 온전한 정신과 판단력이 필요한 경우, 즉 임무 중에는 금주를 강제하였던 것 같다.

르무엘아, 포도주를 마시는 것이 왕들에게 마땅하지 아니하고 왕들에게 마땅하지 아니하며 독주를 찾는 것이 주권자들에게 마땅하지 않도다 술을 마시다가 법을 잊어버리고 모든 곤고한 자들의 송사를 굽게 할까 두려우니라(잠 31:4~5).

이스라엘 사람들이 포도주를 마실 때

최근에 일부 기독교인들은 성경의 새 포도주와 혼합 포도주라는 표현이 사실은 포도주가 아니라 포도과즙을 의미한다거나, 물을 타서 희석시킨 비알코올성 와인을 말한다고 주장한다. 혹은 이스라엘 사람들도 관행적으로 포도주에 물을 타서 먹었다고 주장하기도 한다.[125] 그러나 성경에 등장하는 새 포도주는 여전히 사람들을 취하게 할 수 있는 것이다(사 24:7; 호

---

124 Broshi, Bread, 161.
125 Broshi, *Bread*, 161-2.

4:11; 욜 1:5). 또한 혼합 포도주는 향신료들을 혼합한 다양한 포도주를 의미하는 것이며 물탄 포도주를 말하는 것이 아니다(시 75:8; 아 8:2). 하나님이 심판하실 때에 혼합한 포도주를 자기 원수들에게 부으신다고 말씀하시는데, 그 말은 희석(稀釋)시킨다는 의미가 아니다(시 75:8).

게다가 성경은 포도주와 포도즙을 구별하고 싶을 때에는 포도즙을 언급한다('포도즙도 마시지 말며' 민 6:3).[126] 그러한 점에서 구약에 나타난 새 포도주가 엄격한 의미에서 포도즙을 의미한다거나 구약시대에 이스라엘 사람들이 포도주를 물에 희석시켜서 먹었다는 직접적인 증거는 없다. 오히려 이에 대한 부정적인 입장은 이사야서에서 등장한다. "네 은은 찌꺼기가 되었고 네 포도주에는 물이 섞였도다"(사 1:22). 물론 포도주에 물을 타서 마시는 관습에 대한 더 직접적인 증거가 외경에 등장하지만, 이 문헌은 구약시대가 아니라, 포로 이후 헬라문화의 영향을 받았던 시대의 문헌이라는 약점이 있다.

---

126 마크 드리스콜, 〈새롭게 복음 전하는 교회〉 (서울: 죠이선교회, 2007), 192-3.

헬라-로마시대와 신약에 나타난 술

포도주만 마시거나 물만 마시거나 하면 맛이 없지만 포도주에다 물을 섞으면 맛이 나고 마시는 사람에게 큰 즐거움을 안겨준다. (마카베오하 15:39[공동번역개정판])

내가 진실로 진실로 너희에게 이르노니 인자의 살을 먹지 아니하고 인자의 피를 마시지 아니하면 너희 속에 생명이 없느니라 내 살을 먹고 내 피를 마시는 자는 영생을 가졌고 마지막 날에 내가 그를 다시 살리리니 내 살은 참된 양식이요 내 피는 참된 음료로다 내 살을 먹고 내 피를 마시는 자는 내 안에 거하고 나도 그의 안에 거하나니 살아 계신 아버지께서 나를 보내시매 내가 아버지로 말미암아 사는 것 같이 나를 먹는 그 사람도 나로 말미암아 살리라(요 6:53~57)

예수의 제자 중 하나 곧 그가 사랑하시는 자가 예수의 품에 의지하여 누웠는지라 시몬 베드로가 머릿짓을 하여 말하되 말씀하신 자가 누구인지 말하라 하니 그가 예수의 가슴에 그대로 의지하여 말하되 주여 누구니이까 예수께서 대답하시되 내가 떡 한 조각을 적셔다 주는 자가 그니라 하시고 곧 한 조각을 적셔서 가룟 시몬의 아들 유다에게 주시니 조각을 받은 후 곧 사탄이 그 속에 들어간지라 이에 예수께서 유다에게 이르시되 네가 하는 일을 속히 하라 하시니 이 말씀을 무슨 뜻으로 하셨는지 그 기대어 누운 자 중에 아는 자가 없고(요 13:23~28)

신약에 나타난 술의 문제를 다루려면, 우리는 예수 당시의 유대교의 입장과, 교회가 처했던 그리스-로마제국의 술(식사)문화를 먼저 이해해야 한다.[127] 여러 차이에도 불구하고, 두 문화들이 공유하는 식탁교제(table fellowship)는 '환대의 미덕'을 구현하는 사회적 이상이라는 면에서 유대교와 그리스-로마의 술(식사)문화가 연결된다.[128] 이와 같은 유사성은 사회적 관계성의 측면[129]에서 시작하여 세부적인 사항들, 즉 식탁에 기대어 앉는(눕는) 일[130], 초대장, 식당의 구조, 음식 등에서도 발견된다.[131]

고대 그리스-로마의 음주 문화

유럽에서 포도나무는 처음에 라인, 네카어, 모젤, 도나우 강 등의 강변(남쪽 산중턱의 정원의 형태)에서 경작되었다.[132] 이러한 지리적 선택은 산중턱이 다른 곡물을 키울 수 없는 곳이기 때문이며, 생장 기간의 차이 때문에 다른 곡물을 같이 키울 수 없다는 이유도 있었다.[133] 다른 물이나 포도즙은 쉽게 변질된다는 점에서 장기 보관이 불가능했지만, 가공시설과 보관 장비와 시설만 있었다면 포도주는 아주 오랫동안 보존할 수 있었다.[134] 게다가 보리는 유럽 전역에서 밀보다 더 선호되는 곡물이었다. 보리는 염

127 레이 로렌스, 《로마제국 쾌락의 역사: 역사상 가장 강렬했던 쾌락의 기록》 (최기철 옮김; 서울: 미래의창, 2011), 이 주제는 VII 로마의 만찬문화, VIII, 신해진미와 와인의 향연에서 다루어졌다.
128 윤철원, 《신약성서의 문학적 읽기》 (용인: 킹덤북스, 2013), 152.
129 Dennis E. Smith, *From Symposium to Eucharist: The Banquet in the Early Christian World* (Minneapolis: Fortress, 2003), 14-18.
130 이 식사를 위해 옆으로 기대어 눕는 일은 유목민의 문화에서 유래한 것으로 보인다.
131 Smith, *Symposium*, 13-46.
132 퀴스터, 《곡물의 역사》, 195.
133 퀴스터, 《곡물의 역사》, 223.
134 퀴스터, 《곡물의 역사》, 196.

분이 있는 곳에서도 잘 자랐지만, 가장 중요한 것은 생장 기간이 짧았다는 점에서 선호 작물이었다.[135] 그러나 보리로 만든 맥주도 당시의 시설과 여건에서 장기 보관은 힘들었다.

그리스의 포도주 문화의 한 부분은 '함께 마시다'라는 의미의 '심포지온'에서 비롯된 '심포지움'이 차지하고 있다. 이것은 축제의 일환으로, 원래 신들의 영예를 위해서 열렸다. 그것이 나중에 궁중에서 귀족들과 함께 취하고 토할 때까지 계속해서 마시면서 그들 나름의 여흥(餘興)을 즐기는 형태로 보편화된 것이다(그리스 형태가 심포지움[136]이다). 이러한 과정 속에서 그리스-로마인들도 과도한 술 소비를 경계하였다. 다시 말하자면, 디오니수스, 혹은 바쿠스 축제(제의)의 일환으로 행해지는 '무제한의 알코올 음료섭취, 황홀경에 빠진 행동, 심지어 신의 영예를 위한 술판'[137]과 같은 일탈 행위들이 문젯거리였다.

심포지움은 '밤새도록 와인을 마시고 논의하고 여흥을 즐기려고 모인 그리스 상류층 남자들'을 가리킨다.[138] 이들은 첫 잔만큼은 원액 포도주를 마셨으나 이후부터는 포도주에 물을 타서 마셨다. 이들은 맛을 더하기 위해 거기에 다른 허브와 향료도 타서 마시기도 했다. 이들이 포도주에 물을 타서 마셨던 이유는 과음과 주취에 대한 경계 때문이었다.

로마인들은 기존의 포도즙에 건포도를 첨가하여 발효시킴으로써 당도가 더 높고 알코올 도수가 더 높은 포도주를 만들었다. 그래서 연회용으로 그 포도주를 물로 희석하여 알코올 도수를 7도 정도로 낮추었다. 이러한 관습을 가진 그리스인들은 원액 그대로의 술을 인사불성이 될 때까지 마시던

135 퀴스터, 〈곡물의 역사〉, 220-21.
136 Dayagi-Mendels, *Drink and Be Merry*, 87ff.
137 Dayagi-Mendels, *Drink and Be Merry*, 104.
138 필립스, 〈알코올〉, 51.

다른 나라들 사람들을 비판했다.[139] 심지어 그리스인들은 주연(酒宴) 중에 다양한 운동 신경과 균형 감각, 정확성[140]을 잃지 않았다는 것을 확인하는 놀이에 참여하기도 했다. 이러한 술과 관련한 다양한 그리스의 전통을 로마인들이 물려받았다. 그리스의 심포지움과 유사한 형태는 로마의 콘비비움(Convivium)이었다. 이들도 참여자들의 과음과 주취를 경계하였다.[141]

신약에 나오는 술(포도주)이야기는 로마 사람들의 음식(의 일부인 술-음료)과 만찬(교제의 수단)의 문맥으로 이해해야 한다. 그러한 측면에서 이방인 기독교인들의 종교적 만찬과 교제도 연결시켜서 이해할 필요가 있다. 또한 로마인들에게 포도주는 맥주를 마시고 포도주를 마시지 않는 이방인과 맥주를 마시지 않고 포도주를 마시는 로마인을 구별하게 만드는 아주 특별한 음료라는 자부심을 갖게 만들었다.[142]

그러한 자부심은 타 지역과 다른 나라들이 맥주를 마시는 것에 대한 편견을 초래했다. 심지어 헤로도투스는 자신의 책(Histories, 2.77)에서 "이집트인들은 일종의 밀가루로 만든 빵을 먹으며 그것을 '킬레스티스(cyllestis)'라고 부른다. 그들은 보리로 만든 술을 사용한다. 이집트에는 포도나무가 없기 때문이다"라고 말했다. 이것은 고대 이집트인들의 맥주 먹는 습관에 대한 헤로도투스의 직접적인 평가다.

이것이 단순한 서술인가, 아니면 편견의 반영인가에 관한 논란은 있다. 여기서 우리가 주목해야 할 것은, 헤로도투스가 일상적으로 맥주를 의미하는 지토스(일반적으로 '보리술'이라는 의미다)라는 표현 대신에 킬레스티스를 사용한다는 점이다. 이집트인들이 즐겨 마시는 맥주에 대해 특이한 용어를 사용하는 경향성은 여러 세기를 걸친 그리스 저술가들 크세노

139 필립스, 《알코올》, 52-3.
140 필립스, 《알코올》, 54-5.
141 필립스, 《알코올》, 63.
142 로렌스, 《로마제국》, 248.

폰(오이노스 크리티노스)이나 아르킬로코스(브루토스), 헤카타이오스(브루토스)에게도 등장한다. 이러한 현상(폄하)와 관련하여 비록 헤로도토스가 맥주에 대한 자신의 입장을 명확하게 말하지 않는다고 여길 수 있으나, 문헌상의 역사적 용례를 통해서 볼 때, 고대그리스인들이 자신들이 즐겨 마시던 포도주와 비교할 때 (이집트) 맥주음용습관을 좋아하지 않았다고 유추할 수 있다.[143]

이집트와는 반대로, 로마인들이 가는 곳마다 포도주가 있었다. 이들은 확장된 영토에도 포도주를 보급하였다.[144] 게다가 이들은 포도주를 희석해서 마셨으며 이방인들은 술을 그냥 마셨다는 점에서도 차이가 있었다.[145] 로마인들의 대량소비로 국내 포도주 생산이 부족해지자, 로마 이외의 나라에도 포도원을 가꾸어 포도주를 생산하여 수입하였다. 국외산은 저가 포도주로, 국내산은 품종 개량 등을 통한 고급 포도주라는 식으로 이해되었다.[146] 그래서 이미 기원후 1세기 후반에는 로마 전역에 다양한 맛과 품질의 포도주들이 유통되기 시작했다.[147]

유대교의 음주 문화

그리스 사람들의 심포지움이나 로마인들의 향연[148]과 비교할 만한 것은 유대인들의 향연이다. 그들은 주로 결혼이나 유월절 만찬, 할례식 같은 때 모여 향연을 즐겼다. 포도주를 즐겨마셨던 유대인들의 관습에 따르면, 할

---

143 https://brewingclassical.wordpress.com/2017/04/10/herodotus-the-histories-2-77 이 페이지는 그와 같은 넬슨의 입장을 따른다(M. C. Nelson, "Beer in Greco-Roman Antiquity." Ph.D. dissertation, the University of British Columbia, 2001.).
144 미쓰루, 〈맥주〉, 31
145 로렌스, 〈로마제국〉, 249.
146 로렌스, 〈로마제국〉, 250ff.
147 로렌스, 〈로마제국〉, 253.
148 Dayagi-Mendels, *Drink and Be Merry*, 87-97.

례식 때 포도주를 한잔, 결혼식 때 포도주를 두 잔, 안식일과 축제 기간에는 한 잔으로 시작하고 유월절 세데르 때는 적어도 네 잔의 포도주를 마신다.[149]

그 중에서 가장 유명한 유대인들의 향연은 유월절 세데르(식사)이다. 이것은 원래 출애굽기의 유월절-무교절의 축제에서 비롯되었으나, 예수 시대에 이르러 이는 출애굽기 13:8('너는 그 날에 네 아들에게 보여 이르기를 이 예식은 내가 애굽에서 나올 때에 여호와께서 나를 위하여 행하신 일로 말미암음이라')에 근거하여 그 의미와 내용이 확장되었다. 즉, 유대인들은 유월절 저녁에 모여 출애굽 내용을 담은 학가다(Haggadah)를 읽으며 손을 씻고, 평상 위에서 기댄 형태로 음식을 먹고, 대화하며, 노래하고 게임을 즐기는 등의 순서가 있었다.[150] 이 때 유대인들은 세데르 중간에 네 차례 나눠서 포도주를 마신다. 네 차례의 포도주는 출애굽기 6:6~7의 구원의 약속을 상징한다.[151] 비록 후대(즉 구약 이후)의 전통이지만, 유월절의 네 잔의 포도주는 '모이고, 먹고 포도주를 마시고, 행복하자'는 의미였다.[152]

잔	말씀
첫째 잔(Kiddush)	나는 여호와라 내가 애굽 사람의 무거운 짐 밑에서 너희를 빼내며
둘째 잔(Maggid)	내가 그들의 노역에서 너희를 건지며
셋째 잔(Birkat Hamazon)	내가 편 팔과 여러 큰 심판들로써 너희를 속량하여(I will redeem)
넷째 잔(Hallel)	나는 애굽 사람의 무거운 짐 밑에서 너희를 데리고 나온(I will take) 너희의 하나님 여호와인 줄 너희가 알지라

149 Dayagi-Mendels, *Drink and Be Merry*, 102-103.
150 Dayagi-Mendels, *Drink and Be Merry*,, 97.
151 https://en.wikipedia.org/wiki/Passover_Seder
152 Kreglinger, The *Spirituality* of Wine, 24.

신약에 사용된 술

신약에 사용된 술과 관련된 용어들은 다음과 같다.[153] 신약에서는 포도라는 의미로 암펠로스, 보트루스, 클레마, 스타필레 등이 사용되었다. 포도주틀은 레노스라는 단어를 사용하였다(즙 짜는 틀[막 12:1]).

용어	번역
오이노스	가장 많이 사용되는 용어
글루에코스	단 새포도주, 사도행전에 한번만 사용되는 용어
옥소스	식초, 신포도주
시케라	맥주(눅 1:15)

술취함과 관련된 용어들은 다음과 같다.[154]

용어	번역
메테	술취함
메튀소스	술꾼(고전 5:11; 6:10)
오이노포테스	술꾼(마 11:19)
오이노플뤼기아	술취함(벧전 4:3)

유대교의 음주 관습

복음서와 사도행전을 중심으로 예수 당시 유대교의 음주 문화를 살펴보자. 구약만큼이나 신약에서도 유대인들의 음주 문화가 우리가 생각했던 것보다 더 많이 등장한다.[155] 그 용례를 간접적인 언급과 직접적인 언급으

---

153 Kreglinger, The *Spirituality*, 226-8.
154 Kreglinger, The *Spirituality*, 226-8.
155 Smith, *Symposium*, 133-72.

로 나눠보자.

1) 간접적인 용례

우리는 다음을 통해 예수께서 포도와 포도주(음주) 문화에 익숙하셨다는 점을 알 수 있다. 첫째로, 새 포도주(가죽)부대에 대한 언급이 있다. 새롭게 만든 포도주는 효모의 작용으로 계속해서 발효되는 중이었다. 그런데 단거리 이동용으로 포도주를 가죽 부대에 넣고 이리저리 흔들거리면서 더운 날씨에 가까운 곳으로 배달한다고 생각해보라. 새 가죽 부대도 아니고, 이미 늘어난 상태로 있는 헌 가죽 부대를 재활용해서 쓴다면 발효하는 과정 중에 발생한 이산화탄소로 인하여 팽창하게 되고, 가죽 부대가 그 압력을 견디지 못하여 결국 찢어지거나 터질 가능성이 높아진다. 그렇게 되면 포도주와 가죽 부대 모두를 못쓰게 된다(마 9:17; 막 2;22; 눅 5:37~38). 또한 당연한 이야기지만, 예수는 심지어 오래된 포도주가 새 포도주보다 더 낫다는 것을 알고 계셨다(눅 5:39).

새 옷에서 한 조각을 찢어 낡은 옷에 붙이는 자가 없나니 만일 그렇게 하면 새 옷을 찢을 뿐이요 또 새 옷에서 찢은 조각이 낡은 것에 어울리지 아니하리라 새 포도주를 낡은 가죽 부대에 넣는 자가 없나니 만일 그렇게 하면 새 포도주가 부대를 터뜨려 포도주가 쏟아지고 부대도 못쓰게 되리라 새 포도주는 새 부대에 넣어야 할 것이니라 묵은 포도주를 마시고 새 것을 원하는 자가 없나니 이는 묵은 것이 좋다 함이니라(눅 5:36~39).

2) 직접적인 언급들

우리는 복음서의 다음 용례를 통하여 예수 자신의 포도/포도주 음주관을 이해할 수 있다. 우선적으로 요한복음 2장의 가나 혼인잔치에서 물을 포도주로 만든 기적이 그 적절한 예일 것이다.

사흘째 되던 날 갈릴리 가나에 혼례가 있어 예수의 어머니도 거기 계시고 예수와 그 제자들도 혼례에 청함을 받았더니 포도주가 떨어진지라 예수의 어머니가 예수에게 이르되 저들에게 포도주가 없다 하니 예수께서 이르시되 여자여 나와 무슨 상관이 있나이까 내 때가 아직 이르지 아니하였나이다 그의 어머니가 하인들에게 이르되 너희에게 무슨 말씀을 하시든지 그대로 하라 하니라 거기에 유대인의 정결 예식을 따라 두세 통 드는 돌항아리 여섯이 놓였는지라 예수께서 그들에게 이르시되 항아리에 물을 채우라 하신즉 아귀까지 채우니 이제는 떠서 연회장에게 갖다 주라 하시매 갖다 주었더니 연회장은 물로 된 포도주를 맛보고도 어디서 났는지 알지 못하되 물 떠온 하인들은 알더라 연회장이 신랑을 불러 말하되 사람마다 먼저 좋은 포도주를 내고 취한 후에 낮은 것을 내거늘 그대는 지금까지 좋은 포도주를 두었도다 하니라 예수께서 이 첫 표적을 갈릴리 가나에서 행하여 그의 영광을 나타내시매 제자들이 그를 믿으니라(요 2:1~11).

예수의 포도, 포도원, 포도주에 대한 태도는 그것들과 관련된 여러 가지 비유의 말씀들(예를 들면, 포도원 품꾼의 비유[마 20장]; 포도원 농부의 비유[마 21:33~46; 막 12:1~12; 눅 20:9~19])이나 포도와 포도나무와 관련된 하나님과 예수, 그리고 예수와 제자들과의 상호내주의 말씀(요 15장) 등에서 찾아볼 수 있다. 여기서 포도/포도주는 예수의 중요한 메시지의 배경이자 핵심 사항인 것이다.

나는 참포도나무요 내 아버지는 농부라 무릇 내게 붙어 있어 열매를 맺지 아니하는 가지는 아버지께서 그것을 제거해 버리시고 무릇 열매를 맺는 가지는 더 열매를 맺게 하려 하여 그것을 깨끗하게 하시느니라 너희는 내가 일러준 말로 이미 깨끗하여졌으니 내 안에 거하라 나도 너희 안에 거하리라 가지가 포도나무에 붙어 있지 아니하면 스스로 열매를 맺을 수 없음 같이 너희도 내 안에 있지 아니하면 그러하리라 나는 포도나무요 너희는 가지라 그가 내 안에, 내가 그 안에 거하면 사람이 열매를 많이 맺나니 나를 떠나서는 너희가 아무 것도 할 수 없음이라 사람이 내 안에 거하지 아니하면 가지처럼 밖에 버려져 마르나니 사람들이 그것을 모아다가 불에 던져 사르느니라 너희가 내 안에 거하고 내 말이 너희 안에 거하면 무엇이든지 원하는 대로 구하라 그리하면 이루리라 너희가 열매를 많이 맺으면 내 아버지께서 영광을 받으실 것이요 너희는 내 제자가 되리라 아버지께서 나를 사랑하신 것 같이 나도 너희를 사랑하였으니 나의 사랑 안에 거하라 내가 아버지의 계명을 지켜 그의 사랑 안에 거하는 것 같이 너희도 내 계명을 지키면 내 사랑 안에 거하리라 내가 이것을 너희에게 이름은 내 기쁨이 너희 안에 있어 너희 기쁨을 충만하게 하려 함이라 내 계명은 곧 내가 너희를 사랑한 것 같이 너희도 서로 사랑하라 하는 이것이니라 사람이 친구를 위하여 자기 목숨을 버리면 이보다 더 큰 사랑이 없나니 너희는 내가 명하는 대로 행하면 곧 나의 친구라 이제부터는 너희를 종이라 하지 아니하리니 종은 주인이 하는 것을 알지 못함이라 너희를 친구라 하였노니 내가 내 아버지께 들은 것을 다 너희에게 알게 하였음이라 너희가 나를 택한 것이 아니요 내가 너희를 택하여 세웠나니 이는 너희로 가서 열매를 맺게 하고 또 너희 열매가 항상 있게 하여 내 이름으로 아버지께 무엇을 구하든지 다 받게 하려 함이라 내가 이것을 너희에게 명함은 너희로 서로 사랑하게 하려 함이라 (요한복음 15:1~17)

예수의 음주 습관에 대한 비판을 통해서 당시 유대교의 음주 문화를 짐작할 수 있다. 정확하게 말하자면, 예수의 관점은 당대 유대교의 특징 가운데 하나였던 음식법에 대한 강조/갈등의 구절들 속에서 잘 발견할 수 있다.[156] 즉, 예수의 포도주에 대한 태도는 그의 비판자들에게서 나왔으나(먹기를 탐하고 포도주를 즐기는 사람[마 11:19; 눅 7:34; 비교. 신 21:18~21]), 예수께서 여러 사람이 개최하는 만찬(만찬은 당연히 포도주가 포함된다)

---

156 Smith, *Symposium*, 159~66.

에 자주 초대되신 것을 보면(레위인[눅 5:29], 삭개오[눅 19:5~7], 세리와 죄인들[157], 바리새인들[눅 14:7, 15]) 비판자들의 비판이 근거 없는 것은 아니었다. 예수에 대한 비판은 예수의 신성모독적 언사(비판자들의 관점)에서도 찾아볼 수 있으나, 이는 그의 하나님 나라관에서 나왔다고도 볼 수 있다. 이러한 유대인 지도자들과 예수와의 차이점은 구약에서 비롯된 정결법(레위기 등)의 적용에서 나타나는 갈등이다.[158] 이와 같은 정결 규례에 따른 종교적, 사회적 계층의 구분에도 불구하고, 유대인들의 음주와 식사 예절 자체에는 그리스-로마인들과 많은 차이를 보이지 않았을 것이다.

여기서 우리가 특별한 관심을 가져야할 사건은 오병이어의 기적사건이다(마 14:13~21; 막 6:30~44; 눅 9:10~17; 요 6:1~16). 예수는 자신의 교훈을 들으러 모여있는 사람들을 떼를 지어(심포시아) 앉도록 했는데(막 6:39, '제자들에게 명하사 그 모든 사람으로 떼를 지어 푸른 잔디 위에 앉게 하시니 떼로 백 명씩 또는 오십 명씩 앉은지라'), 이 말은 심포시온의 복수형이다. 이것은 마치 예수께서 넓은 들판에서 모여있는 군중들에게 연회를 베푼 것 같은 느낌을 준다.[159] 실제로 예수의 청중들은 바닥에 기대어 누운 채로 만찬을 즐겼다(요 6:10, 11). 그러한 점에서 예수의 사역을 종말론적 만찬의 측면에서 이해할 필요가 있다. 그러한 점에서 예수의 사역은 죄인들과 같이 당시 유대 주류 사회에서 배제된 사람들과의 만찬 속에서 행해졌다. 이것은 '우정, 친밀함과 일치'의 상징이다.[160] 처음에 언급한 것처럼 예수께서 베푸신 만찬과, 예수께서 초대되신 만찬 모두가 그리스-로마의 문화적 이상과 일치된다는 점을 고려하는 것이 중요하다.

이 단락을 마무리하면서, 예수의 포도나무, 포도원, 포도주에 대한 관점

157 Smith, *Symposium*, 232-35.
158 이 부분은 조만간 출간될 필자의 다른 책에서 더 자세하게 논의할 것이다.
159 윤철원, 〈신약성서〉, 164.
160 윤철원, 〈신약성서〉, 151.

이 구약과의 연속성을 보여준다는 증거는 몇 가지가 있다. 즉 구약의 하나님-이스라엘의 포도원 주인과 포도원의 비유처럼 '포도나무=예수'와 '가지=제자들'과 같은 포도(주), 신자들, 예수와의 상관 관계는 위에서 언급하였듯이 이미 복음서에서도 잘 나타나 있다. 이와 같은 예수=포도주(혹은 포도주 틀)의 상관 관계는 기독교가 발전해가면서, 나중에 신학적으로 심화되었다. 포도주의 달콤함은 나중에 예수의 다정함과 관련되었다.[161] 사실 포도원의 심상은 예수의 비유 말씀 속에 자주 사용된다(마 20:1~6; 21:28~31; 막 12:1~12 등). 심지어 구약의 종말론처럼 예수께서는 다시 오실 때, 하나님 나라에서 제자들과 함께 포도주를 마실 것을 약속하셨다.

내가 포도나무에서 난 것을 이제부터 내 아버지의 나라에서 새것으로 너희와 함께 마시는 날까지 마시지 아니하리라[마 26:29].

바울과 초대 교회의 술문화

로마인들에게 타인과의 만찬은 원칙상 일종의 베풂의 차원에서 행해졌으나[162] 사회적 계층을 넘어서 행해지지는 않았다.[163] 로마인들의 식사 문화는 그만큼 제한되어 있었다. 참여자는 초청을 받아야 했고, 그에 걸맞는 옷(예복)이나 몸가짐을 구비해야 했고 식사 예절을 따라야 했다.

일반적으로 아홉 명이 모이는 만찬에 초청받으면 반드시 목욕을 하고 가야 했다. 몸에서 풍기는 향수가 이들이 모이는 잔치를 더욱 즐겁게 만들 수 있었다. 손님이 당도하면 우선 발을 씻기고 식당으로 인도한다. 초대된

161 필립스, 《알코올》, 41.
162 로렌스, 《로마제국》, 203.
163 로렌스, 《로마제국》, 204.

손님들은 식당에서 세 개의 평상 위에 세명씩 올라가서 기대어 누운 채로 식사했다.[164] 또한 아이들이 연회에 동석했다면, 그들은 의자에 앉아서 식사를 해야 했다.[165] 손님들은 식사가 나오기 전에 손을 먼저 씻어야 한다.

문제는 남녀가 평상에 올라가 기대어 음식과 술을 마시는 상황이다. 부부가 아닌 사이에도 남녀가 취기가 오르다보면, 서로 가까이 마주 대하고 반쯤 기대어 있는 상태라, 바로 옆에 있는 이성에게 성욕이 발동하여 (중간 휴식 시간에 잠시 침실로 함께 나가서) 성관계가 가능했다는 것이다.[166] 만찬의 자리에서는 불법적인 성행위뿐만 아니라, 게걸스럽게 과식하거나 그로 인해 자주 그리고 많이 구토하는 등의 모습이 나타났고, 이는 그들의 인격이나 품성에 대한 잣대가 되었다.[167] 그러다 보니 이러한 식사 예절에 대한 자세한 규정들이 생기게 되었다.[168]

로마에서는 연회에 모여 술을 즐기는 가운데 취한 상태를 세 가지로 나누었다. 즉 살짝 취한 것-에브리우스(ebrius), 좀 더 취한 것-에브리오수스(ebriosus), 그리고 만취한 것(엑스트라 에브리에타템[extra ebri-etatem]). 이것은 사람의 인격을 판단하는 근거가 되었다.[169]

이러한 점을 고려한다면, 바울이 말하고 있는 기독교인들의 만찬이 어떤 상황이었을지 상상하기가 어렵지 않다. 그것은 이러한 일상적인 만찬 문화에 익숙한 사람이 교회로 모이는 만찬자리에 초대를 받았거나, 일부 미성숙한 교인들이 자신들의 세속적인 친목 모임으로 모였을 경우 발생하거나 발생할 수 있는 일임을 고려해야 할 것이다.

---

164 로렌스, 《로마제국》, 204. 원래 노예, 아이들, 여성들은 식탁에서 기대는 자세를 취할 수 없었다(p. 42).
165 로렌스, 《로마제국》, 205.
166 로렌스, 《로마제국》, 206.
167 로렌스, 《로마제국》, 207.
168 자세한 술과 식사 예절에 대해서는 보라, 로렌스, 《로마제국》, 207.
169 로렌스, 《로마제국》, 256.

술에 대한 부정적인 태도(술취함)

예수도 만취함을 명백하게 경고하셨지만(너희는 스스로 조심하라 그렇
지 않으면 방탕함과 만취함과 생활의 염려로 마음이 둔하여지고 뜻밖에
그 날이 덫과 같이 너희에게 임하리라[눅 21:34]), 만취함을 신자가 피해
야할 악덕의 목록에 넣지는 않으셨다.[170] 아마도 이것은 음주에 상당히 관
용적이었던 당대 유대교 상황을 잘 반영하는 것으로 보인다.

구절	내용
마 15:19~20	마음에서 나오는 것은 악한 생각과 살인과 간음과 음란과 도둑질과 거짓 증언과 비방이니 이런 것들이 사람을 더럽게 하는 것이요
막 7:20~22	사람에게서 나오는 그것이 사람을 더럽게 하느니라 속에서 곧 사람의 마음에서 나오는 것은 악한 생각 곧 음란과 도둑질과 살인과 간음과 탐욕과 악독과 속임과 음탕과 질투와 비방과 교만과 우매함이니 이 모든 악한 것이 다 속에서 나와서 사람을 더럽게 하느니라

그러나 바울은 만취함을 신자가 피해야 할 악덕의 목록에 집어넣는다. 사
도 바울은 보수적 디아스포라 유대인이었다. 그는 디아스포라 유대인들(
혈통상으로 온전한 유대인), 경건한 이방인들(기독교 회심 이전에 유대교
를 믿으나 혈통적으로는 이방인), 이방인들(기독교인들에게 복음을 들은
혈통상 이방인) 모두를 대상으로 복음을 전하였다.

사실 사도 바울도 포도주를 마시는 것을 전면 금지 하지는 않았다. 오히
려 바울은 술을 금지하는 자들을 경계하라고 말한다(혼인을 금하고 어떤
음식물은 먹지 말라고 할 터이나 음식물은 하나님이 지으신 바니 믿는 자

170 Kreglinger, The Spirituality of Wine, 31.

들과 진리를 아는 자들이 감사함으로 받을 것이니라 하나님께서 지으신 모든 것이 선하매 감사함으로 받으면 버릴 것이 없나니 하나님의 말씀과 기도로 거룩하여짐이라[딤전 4:3~5]). 만취함에 대한 바울의 경고는 아마도 그의 유대교적 배경보다는 그리스-로마적 배경에서 나온 것으로 보인다. 또한 우리는 바울이 보낸 지역 교회들의 회람용 편지들의 수취인들이 대부분 디아스포라 유대인들이나 경건한 이방인들 출신 신자들이었다는 점을 고려해야 한다. 바울은 자신의 여러 편지들에서 만취함을 경계하는 일관된 입장을 취한다.

구절	내용
갈 5:19-21	육체의 일은 분명하니 곧 만취함과 방탕함 이런 일을 하는 자들은 하나님의 나라를 유업으로 받지 못할 것이요
롬 13:13	낮에와 같이 단정히 행하고 방탕하거나 만취하지 말며 음란하거나 호색하지 말며 다투거나 시기하지 말고
고전 5:10	어떤 형제라 일컫는 자가 음행하거나 탐욕을 부리거나 우상 숭배를 하거나 모욕하거나 만취하거나 속여 빼앗거든 사귀지도 말고 그런 자와는 함께 먹지도 말라 함이라
엡 5:18	만취하지 말라 이는 방탕한 것이니
딤전 3:3, 8	감독은 술을 즐기지 아니하며 구타하지 아니하며... 집사들도 술을 탐닉하지 아니하고

바울은 갈라디아서 5:19~21에서 성령에 속한 사람들의 행위와 대조되는 세상적인 행위들에 대해서 논의한다. 이 목록에는 성적인 범죄(1,2,3), 종교적 일탈(4,5), 대인관계에서의 무질서(6,7,8,9,10,11,12,13), 그리고 폭음(暴飮)의 죄(14,15)가 나열되어 있다. 여기서 바울은 술 자체의 문제보다는(성범죄와 연관시키지 않은 채) 방종으로 이르는 술의 무절제한 오용을 지적한다.[171]

---

171 Ronald Y. K. Fung, *The Epistle to the Galatians* (NICNT: Grand Rapids: Eerdmans, 1988), 254, 59-60.

바울은 로마서 13:13에서도 유사한 교훈을 제시하였다. (비록 유대교에서 제시하는 덕목 가운데 하나는 아닐지라도) 그리스-로마 사회에서 단정한 것은 중요한 덕목 가운데 하나다. 그러한 관점에서 본다면, 디오니수스(로마에서는 바쿠스) 축제에 참여한 것과 같이 만취하여 흥청망청한 것은 바람직하지 못한 행위인 것이다. 이러한 취중의 광란은 성적인 방탕(21세기 용어로는, 인스턴트 러브, 혹은 원나잇 스탠드)에 이르기 쉽다.[172]

고든 피는 고린도전서 5:10에 관하여 논의하면서, 당시 문화가 포도주를 즐기는 문화였고, 오히려 절제하는 사람들이 드문 상황이었다는 것을 전제해야 한다고 말한다. 바울은 만취함으로 인한 '다른 죄악들, 즉, 폭력, 종들에 대한 공적인 핀잔, 눈뜨고 못 볼만한 성생활'이 발생하는 상황을 경계한다.[173]

바울은 에베소서 5:18에서 어리석음의 대명사로 성적 무절제(방탕)로 이르는 만취함을 다루고 있으며, 그와는 대조적으로 지혜로움으로 성령의 충만함을 입도록 권면하고 있다.[174]

디모데전서 3:3, 8에서는 교회 직분자의 서출 조건으로 만취함이 등장한다. 첫째는 (아마도 에베소[175]) 교회의 감독 직책에 관한 것이다. 술을 즐긴다는 말은 술에 빠져있다는 것, 즉 술의 노예가 된 상태를 말한다.[176] 두 번째는 집사의 직책에 관한 것이다. 집사도 술에 강한 집착이 있는 자는 배제되어야 한다.[177] 세 번째는 미숙하고 지도를 받아야 하는 더 젊은 여자들에게 모범이 되고 교훈을 주어야 할 더 나이든 여자는 여러 가지 덕목들과 아울러 술의 종이 되지 말아야 한다는 것이다(딛 2:3). 그러므로 바울에게

172 제임스 던, 《로마서 9-16》 (김철/채천석 역; 서울: 솔로몬, 2005), 455-457.
173 Gordon D. Fee, *The First Epistle to the Corinthians* (NICNT; Grand Rapids: Eerdmans, 1987), 225.
174 앤드류 T. 링컨, 《에베소서》 (배용덕 역; 서울: 솔로몬, 2006), 662.
175 윌리암 D. 바운스, 《목회서신》 (채천석/이덕신 역; WBC; 서울: 솔로몬, 2009), 468, 503.
176 바운스, 《목회서신》, 468-9.
177 바운스, 《목회서신》, 503.

있어, 교회의 지도자(직분자)뿐만 아니라, 비공식적으로라도 모범을 보여야 할 위치에 있는 사람에게는 술취함이 경계의 대상이었다.[178]

이와 같은 바울의 입장은 베드로전서 4:3('너희가 음란과 정욕, 만취함과 방탕과 향락, 무법한 우상 숭배를 하여 이방인의 뜻을 따라 행한 것은 지나간 때로 족하도다')에서도 유사하게 발견된다(비교, 롬 13:13). 이것은 상습적인 행위를 지칭한다. 음란과 정욕은 성적인 방종과 관련이 되며, 만취함과 동어반복으로서, 만족할 줄 모르는 포도주에 대한 욕구나 술에 취해 행하는 방탕한 일들을 의미한다. 이러한 목록은 저자가 직접 목격한 것이라기보다는 이교도들의 종교적 관습들을 일반적으로 서술한 것이라고 볼 수 있다.[179] 여기서 중요한 것은 이방인의 행동이 이제는 하나님의 성도로서 더 이상 어울리지 않게 되었다는 점을 상기시켜준다는 것이다.

신약시대 유대인들의 포도주를 의학용으로 사용한 예는 예수의 사마리아인 비유에서 등장한다(기름과 포도주를 그 상처에 붓고 [붕대로] 싸매고 [눅 10:25~37]). 또한 바울이 (아마도 주위의 과도한 알코올 섭취 때문에 금주하고 있는 디모데에게 보낸 편지에서[180] 위장병의 치료용으로 포도주를 적절하게 사용하라고 권한다(딤전 5:23).

주의 만찬

바울은 교회를 '그리스도의 몸'이라고 불렀다. 그의 입장에서 성찬은 그리스도의 몸을 확인하고 유지하는데 중요한 역할을 하였다.

---

178 바운스, 〈목회서신〉, 819-21.
179 램지 마이클스, 〈베드로전서〉 (박문재 역; 서울: 솔로몬, 2006), 474-477.
180 윌리암 D. 바운스, 〈목회서신〉 (이덕신 역; WBC; 서울: 솔로몬, 2009), 469.

우리가 축복하는 바 축복의 잔은 그리스도의 피에 참여함이 아니며 우리가 떼는 떡은 그리스도의 몸에 참여함이 아니냐 떡이 하나요 많은 우리가 한 몸이니 이는 우리가다 한 떡에 참여함이라(고전 10:16~17)

여기서 흥미로운 점은 신약에서 주의 만찬이 두 종류로 언급된다는 점이다. 1) 복음서의 최후의 만찬(Last Supper), 2) 사도행전과 바울서신에서 언급되는 주의 만찬(Lord's Table, Supper)이 그것이다. 이른바, 최후의 만찬은 고난 주간에 그리스도의 죽음을 기념하면서 참여하는 방식을 말하지만 주의 만찬은 부활하신 이후에 그리스도의 함께 하심을 즐거워하고 축하하며 누리고 참여하는 방식을 말한다.[181]

마치 성전이 하늘과 땅이 만나는 장소이듯이, 또 기도가 하늘에 계신 하나님의 귀와 세상에 사는 우리의 입술이 만나는 곳이듯이, 성만찬은 영적인 음식과 육체적인 필요가 만나는 매개인 것이다. 이것은 고도의 상징이지만, 실제 물리적 만찬의 장소인 것이다. 이러한 의미에서 성찬은 매주 거행되어야 하며 예배의 중심인 것이다.[182]

성만찬의 배경은 유월절 식사, 시내산 언약 식사, 일상의 음식으로 드려지는 제의 행위를 포함한다. 성만찬의 시대적 신학적 배경은 유월절과 그에 따르는 식사다. 유월절은 이집트의 노예의 굴레로부터 하나님의 백성이 자유케 되었던 사건이다(출 12:3~6). 후대에 이 기념식에 포도주를 마시는 의식이 첨가되었다. 이 의식이 언제 첨가되었는지는 알 수 없지만, 성만찬의 제정 이전에 있었던 것만은 확실하다. 다만 유대인들이 지키는 유월절에서 행해졌던 '네 잔의 포도주 의식'이 예수 시대에 존재했다고 말하기는 어렵다는 주장이 있다. 유대인들의 유월절 잔치에서 네 잔의 포도

---

181 주종훈, 《예배, 역사에서 배우다》 (서울: 세움북스, 2015), 162: 이에 대한 자세한 논의는 Smith, *Symposium*, 188–200을 보라.
182 Kreglinger, *The Spirituality of Wine*, 68–69.

주를 시간 간격을 두고 마시게 했던 것은 각각의 다른 의미를 내포하기도 하지만, 한편으로 만취함을 방지하기 위함이었던 것 같다.[183] 유월절 참여자들은 마지막으로 유월절 양고기도 먹었다.[184] 무교병은 노예와 고통의 순간을 기억하게 하고 포도주는 구원에 대한 감사와 기쁨을 상징하기 위함이었던 것 같다.[185] 그러나 최후의 만찬은 새로운 언약의 체결과 함께, 피와 살을 나눈다는 점에서 곧 다가올 시련이 주는 고난과 그것이 주는 중요성의 비장함을 더 해주는 느낌을 준다. 이 성찬은 과거에 대한 기억의 갱신과 아울러 이제부터 있을 새로운 관계성의 수립의 교차라는 역동성을 준다. 성찬은 과거 구원사건의 기억, 음식을 함께 하는 잔치 속에서의 감사 기도, 죄에 대한 희생적 행위, 공유 특징을 갖는 음식이 주는 종말론적 언약체결의 개념을 함께 갖는다.[186] 그리스도의 피흘림과 몸의 찢김은 참여하는 자들을 위한 희생이면서 그들에 대한 축복이기도 하다.

고린도 교회 사건

고린도 교회의 사건은 예배시간에 발생한 사건이기도 하고 성만찬에 발생한 사건이기도하다. 우리가 살펴보아야 할 사건은 고린도전서 11:20~34에 나온다.

그런즉 너희가 함께 모여서 주의 만찬을 먹을 수 없으니 이는 먹을 때에 각각 자기의 만찬을 먼저 갖다 먹으므로 어떤 사람은 시장하고 어떤 사람은 취함이라 너희가 먹고 마실 집이 없느냐 너희가 하나님의 교회를 업신여기고 빈궁한 자들을 부끄럽게 하느냐 내가 너희에게 무슨 말을 하랴 너희

---

183 Kreglinger, *The Spirituality of Wine*, 70.
184 Smith, *Symposium*, 149.
185 Kreglinger, *The Spirituality of Wine* 70.
186 보라, Kreglinger, *The Spirituality of Wine*, 72-3.

를 칭찬하랴 이것으로 칭찬하지 않노라 ··· 우리가 우리를 살폈으면 판단을 받지 아니하려니와 우리가 판단을 받는 것은 주께 징계를 받는 것이니 이는 우리로 세상과 함께 정죄함을 받지 않게 하려 하심이라 그런즉 내 형제들아 먹으러 모일 때에 서로 기다리라 만일 누구든지 시장하거든 집에서 먹을지니 이는 너희의 모임이 판단 받는 모임이 되지 않게 하려 함이라···

고린도 교회는 사회적으로 계층화된 교회였다. 먹고 마실 것이 충분하고 자기 집들이 있는 자들(11:21~22)과 빈궁한 자들(11:22) 간의 긴장 [187]이 존재한다. 부자 신자들이 자기 집에서 공동 식사를 마련했을 것이므로, 당시 관습처럼, 신분이 높은 사람에게는 질 좋은 식사를, 낮은 사람들에게는 질 낮은 음식을 대접했을 것이다.[188] 또한 먼저 온 사람들이 늦게 오는 사람들을 기다리지 않고 먼저 먹었을 것이며, 먼저 온 사람들은 식당(triclinum)[189]에서 U자 형태로 세 개의 탁자(couch)위에 올라가 옆으로 기대어 눕고 음식을 먹고 나중에 온 사람들은 식당 밖의 뜰(atrium)[190]에서 먹게 되었을 것이다.[191]

당시의 전통적인 식사 형태로 여러 가지 음식이 제공되는 첫번째 상 이후에 휴식이 있고, 약간의 음식과 디저트가 제공되는 두번째 상으로 구성되어 있었던 점을 전제로 한다면, 그러한 전통적인 방식을 모방한 고린도교인들이 첫 번째로 떡을 먹고 나중에 잔을 마심으로서 늦게 오는 사람들에게 '하나의' 주의 만찬이 아니라, 주의 떡과 주의 잔이 분리되는 이상한 현상 때문에 바울이 그들을 책망했던 것으로 이해할 수 있다.[192] 아마도 모든 사람들이 자유롭게 참석하는 일반 예배와는 달리 주의 만찬은 주에 대한

---

187 제임스 던, 《바울신학》 (박문재 역; 고양: 크리스챤다이제스트, 2003), 807.
188 던, 《바울신학》, 807.
189 이 말 자체는 세 개의 카우치(couch)가 있는 방이라는 의미이며, 한 카우치에 3명이 식사를 할 수 있음으로 9명이 동시에 식사가 가능하다는 의미다.
190 건물 내부에 있는 빛과 환기를 위한 천장 한가운데가 뚫려있는 너른 실내 뜰을 의미한다.
191 던, 《바울신학》, 808; 로렌스, 《로마제국》, 208-9.
192 던, 《바울신학》, 809-10.

전적인 헌신을 다짐한(즉 세례를 받은) 사람들만을 위한 것이었던 것 같다.[193] 결국 주의 만찬에 함께 참여하는 것은 많은 우리를 한 몸으로 만들어 주는 것이다.[194] 이것이 바로 주의 몸을 분별하는 것이다. 우리는 자주 우리 몸과 행실을 미리 준비하고 살펴보는 것으로 오해한다.

유대인의 관습에 따르면 최후의 만찬에서, 떡을 떼는 것은 식사의 시작을 의미하고 잔을 마시는 것은 식사의 마침을 의미한다. 이것은 떡과 잔이 포함된 식사 전체를 함께 하였다는 의미이다.[195]

바울 사역의 마무리: 전제물

바울의 편지들에서 전제물(본서의 구약 전제물 부분을 보라) 에 대한 은유적 언급은 빌립보서 2:17(너희 믿음의 제물과 섬김 위에 내가 나를 전제물로 드릴지라도)과 디모데후서 4:6(내가 전제물과 같이 벌써 부어지고 나의 떠날 시각이 가까웠도다)에서 등장한다. 바울은 빌립보 교인들의 삶이 하나님이 받으시기에 합당한 제물로 묘사하며 거기에 바울 자신의 사역자로서의 삶을 소박한 전제물로 드릴 수 있다고 말한다(비교, 민 28:7). 물론 이 표현은 논란의 여지가 있다. 이것을 (문자적으로) 바울의 제물을 드리는 제사장적 사역의 완성의 의미로도 볼 수 있지만, (은유적인 측면에서) 빌립보인들의 희생적인 수고에 덧붙여 바울의 임박한 죽음(순교-피흘림)에 대한 암시라고 해석하는 사람들도 많다.[196] 그러나 후자에 대한 해석

---

193 던, 《바울신학》, 811; 여기에서 우리가 고려해야할 상황은 이 성만찬에 참여하는 사람들의 숫자와 모임의 형태다. 소수의 사람들만이 성만찬에 참여했다는 당시의 관습을 고려한다면, 소수의 사람들이 triclinium과 atrium에서 나눠서 식사를 했을 것이며, 다수의 사람들이 참여하는 공적인 식사모임(예배)이었다면, 참여자들은 모두 의자에 앉아서 식사를 했을 수 있다(보라, Smith, Symposium, 178–9).

194 던, 《바울신학》, 816.

195 던, 《바울신학》, 819.

196 이에 대한 자세한 논의는 Peter T. O'Brien, *The Epistle to the Philippians: A Commentary on the Greek Text* (Grand Rapids: Eerdmans, 1991), 301–12를 보라.

은 (비록 디모데후서와의 연관 속에서 이해할 수도 있겠지만[197]) 바울이 자신이 처한 투옥이 순교로 인도할 것이라는 확신을 다른 본문에서 발견할 수 없다는 점이다.[198] 바울이 (빌립보서의 기대[가능성]가 이루어졌다고 생각하면서) 디모데에게 보낸 편지에서는 자신의 사역이 이제 제물 드림의 마지막 때에 이르렀다는 점을 언급한다.

팔레스틴의 포도주

팔레스틴에서 포도주 생산이 완전히 중단되고 사라진 것은 주후 640년 경에 등장한, 음주를 전적으로 금지하는 무슬림에 의해서다. 아마도 이땅에서 3천 5백 년 정도의 활발하고 방대한 포도주 생산의 시대를 보낸 후에, 이후 아주 소수의 비무슬림 사람들만이 포도주를 생산했으며 그 명맥이 거의 끊기다시피 하다가, 결국 19세기 말에 다시 도입되었다.[199]

유대인 에드몽 제임스 드 로스차일드(Edmond James de Rothschild, 1845~1934) 남작은 1845년 파리 교외 볼로뉴에서 태어났는데, 가입인 은행 일에 관여하지 않았고, 열렬한 시오니스트로서 현재의 이스라엘 지역으로 이주하여 1882년 하이파의 남쪽 카르멜 산의 끝자락인 지크론 야아코브 일대와 수도 텔아비브의 동남쪽 리숑 르 시온에 포도밭을 조성하고 카르멜 와이너리(Carmel Winery)를 건립한다.[200]

197 이에 대한 자세한 논의는 Philip H. Towner, *The Letter to Timothy and Titus* (NICNT: Grand Rapids: Eerdmans, 2006), 609을 보라.
198 Gordon D. Fee, *Paul's Letter to the Philippians* (NICNT: Grand Rapids: Eerdmans, 1995), 253.
199 Broshi, *Bread*, 166–67.
200 최훈, 〈역사와 와인〉, 280.

기독교 초기 역사에 나타난 술

신약시대(초대교회)의 포도주의 사용에 관해서는 앞 장에서 자세히 설명하였다. 이제는 본격적으로 서양 기독교의 역사 속에 나타난 포도주와 맥주 사용을 다루어 보자. 물론 청교도 이후시대는 근현대 미국 기독교사를 중심으로 다룰 것이며 그 이전시대의 술사용 문제는 고대, 중세, 종교개혁과 그 이후 시대의 유럽 기독교 역사만을 다룰 것이다.

초대 교회의 성만찬

초대 교회에 있어서 성찬은 아가페(agape) 만찬, 혹은 애찬(愛餐)이라고 불리는 식탁 교제의 일부였으나, 이후 성찬은 교제의 식사보다 더 강조되어 3세기경에 아침에는 성찬이, 저녁에는 식사가 시행되었다.[201] 그와 같이 아가페 식사는 교회 예배에서 분리되었고 결국 4세기 말에 이르러 교

201 로널드 맥킴, 《교회의 역사를 바꾼 9가지 신학논쟁》(장종현 역; 서울: UCN, 2005), 291.

회에서 실행되던 성찬은 유지되었으나, 신자들의 가정에서 거행되던 애찬은 폐지되었다. 초대교회에서는 성찬에 대한 실재론(즉 빵과 포도주가 실제로 그리스도의 몸과 피가 된다는 입장)과 상징론(성찬은 다만 그리스도의 피와 몸을 상징한다는 입장)이 병존하였다.[202] 교부들 사이의 논란 가운데 아우구스티누스의 성찬론에서 두 가지 측면이 모두 발견된다.[203] 그러나 중세에 들어서서 로마 가톨릭 교회는 물질적 실재론을 고수하고 종교개혁 이후로 개신 교회는 영적 실재론이나 상징론을 지지하게 된다. 이 부분은 중세와 종교개혁시대에 벌어진 성찬 논쟁을 통하여 살펴보게 될 것이다.

주후 2세기 로마 신앙 공동체의 예배의 모습을 담고 있는 로마의 기독교 철학자였던 순교자 유스티누스의 제1 변증서에 다음과 같은 성찬과 관련된 언급이 나온다.[204]

성찬은 성도들이 각자 준비한 빵과 포도주(당시에는 물을 섞은 포도주)를 사제에게 전달하는 봉헌(Offertory)과 그것들을 하나님을 향해 내어드리고 감사하는 사제의 축사(Consecration), 그리고 축사한 빵과 포도주를 집사들의 봉사로 다시 받아서 먹고 마시는 나눔(Communion)의 방식을 모두 포함했습니다. 그리고 나서 남은 음식들을 사제에게 맡기면 사제는 그것들을 교회 공동체 밖에 있는 고아와 과부들 그리고 필요한 이들에게 직접 찾아가 나누어주는 일(Almsgiving)을 했습니다.

포도주에 물을 타는 관습은 거친 맛(알코올의 도수)을 약하게 만들어 일반 대중이 마실만하게 만들려는 고대 그리스-로마 세계의 일상적인 일이었다. 이러한 관습이 교회에도 들어왔다. 기독교의 성찬에서의 포도주 의식은 로마인들의 풍습뿐만 아니라, 유대인들의 부림절 의식과 유월절 세

---

202 로날드 맥킴, 《9가지 신학논쟁》, 292.
203 로날드 맥킴, 《9가지 신학논쟁》, 297-8.
204 주종훈, 《예배, 역사에서 배우다》 (서울: 세움북스, 2015), 69.

데르(만찬)를 통합한 측면도 있다. 그러나 특별히 기독교 성찬에는 다른 의미가 부여되었다. 첫째는 예수께서 십자가에서 창에 찔렸을 때 그리스도의 옆구리에서 흘러나온 물과 피를 상징한다. 둘째는 교회의 탄생의 상징과 관련하여 아담의 옆구리에서 만들어진 이브의 출생을 상징한다.

고대 교부 아우구스티누스는 주후 4세기에 다음과 같이 기록했다.[205]

이 두 번째 아담은 자기 머리를 숙이고 십자가에서 잠들었기에, 잠자는 자의 옆구리에서 흘러나오는 것으로부터 한 배우자가 그를 위하여 만들어질 수 있었다.

결국 성만찬은 기독교에서 중요한 신학적 의미를 가진 존재로 자리잡게 되었다. 십자가의 고난을 포함하는 그리스도의 희생을 상징하는 성만찬의 포도주는 기독교의 예배의 한 중심일뿐만 아니라, 결국 그리스도의 이미지마저도 바꾸는 역할을 수행하기도 하였다. 성만찬의 그리스도는 중세에 이르러 포도주 틀 안에 있는 그리스도의 성화로 나타난다. 주로 그리스도의 성화(聖畫)라고 하면 '십자가를 지고 가시면류관을 쓰고 있는 모습'으로 그려진다. 그의 머리와 몸에 난 상처에서 나온 피가 발로 누르고 있는 포도로 흘러내린다. 따라서 통에서 쏟아지는 붉은 액체는 그리스도의 피와 포도즙의 혼합물로, 둘이 본질적으로 하나로 수렴됐음을 보여준다.[206]

포도즙 틀 혹은 신비한 포도즙 틀에 있는 그리스도는 그리스도 자신이 포도주 틀 안에 있는 포도가 되는 포도주 틀 안에 서있는 그리스도를 보여주는 기독교도상학에서의 한 모티프다. 그것은 아우구스티누스와 다른 초기 신학자들의 성경에 등장하는 일단의 구절들에 대한 해석에서 비롯되었

205 http://www.ccel.org/ccel/schaff/npnf107.iii.cxxi.html
206 필립스, 〈알코올〉 89.

다. 그것은 주후 1100년과 18세기 사이 기독교 예술의 시각적 이미지로 발견된다.[207]

음주 관습과 관련된 최초의 난관

기독교에 처음으로 닥친 음주 문제는 기원후 2세기에 발생한다. 일부 기독교 당파들은 술과 여자가 기독교 영성의 특별한 위협이라고 여겼다. 이러한 점 때문에 동방의 수도사들은 성찬 이외에 포도주를 전면 금지하는 금욕적인 삶을 살았다.

이러한 금욕적인 태도를 처음으로 언급한 교부는 북아프리카 카르타고 주교였던 키프리아누스(200~259년)였다. 키프리아누스는 성찬에서의 포도주 사용은 예수와 바울이 명령한 것으로, 이것은 선택의 문제가 아니라, 복종의 문제라고 주장했다. 성찬식에서 포도주는 '하나님의 축복의 표시'라고 주장한다.[208] 이러한 논의는 단지 성찬에서 포도주의 사용을 옹호하는 것뿐만 아니라, 기독교계에서 일상의 삶속에서의 포도의 사용에 대한 예수와 바울의 이중적인 입장을 계승한다는 것을 의미한다.

고올(Gaul) 지역에서 활동한 이레나이우스(115~202년경)는 키프리아누스의 동시대인으로서, 당시의 중요한 이단 가운데 하나였던 영지주의자들의 물질적 세계의 선함과 인간육체의 구원을 거부하는 태도를 반대하였다. 그의 주장은 성찬에서 빵과 포도주를 사용하는 의미를 발전시켰다. 성찬의 빵과 포도주는 '인간의 몸에 영양을 주는 것이며 인간의 몸도 구원의 선물을 받아들일 수 있다'고 주장했다.[209]

알렉산드리아의 클레멘스(Titus Flavius Clemens, 150~250년)는 〈교

207 https://en.wikipedia.org/wiki/Christ_in_the_winepress
208 Kreglinger, The Spirituality of Wine, 39.
209 Kreglinger, The Spirituality of Wine, 41.

사/교육자 2)(Paedagogus 2)[210]라는 포도주 마시는 것에 관한 소논문을 작성했다. 그는 당연히 포도주의 남용에 대해서 경고했지만, 특별히 노인과 차가운 기후에 사는 사람들에게 포도주를 즐기기를 권면했다. 그는 포도주의 유익도 설명하고 술취함과 과음에 대해서도 경고 하였다.[211]

313년 로마 황제 콘스탄티누스의 밀라노 칙령으로 기독교가 로마 제국의 종교적 지위를 부여받았고 로마 제국으로부터의 박해의 위험이 사라졌다. 그러자 기독교의 교부들은 교회 내부에서 벌어질 수 있는 포도주의 유익과 아울러 남용에 대해 더 강하게 비판하였다.

이러한 전통을 따라서 알렉산드리아의 바실 (Basil of Alexandria, 330~379년)은 포도주의 이중적 기능에 대한 입장을 개진하였다. 그리고 크리소스톰(Chrysostom, 347~407년)은 포도주의 유익을 설파하였지만, 만취함을 '악마의 일'이라고 말했다.[212]

이제 마지막 교부로서 히포의 아우구스티누스(Augustinus, 354~430년)는 세상과 물질이 악한 것이라고 주장하는 마니교 이단의 주장에 반대하여 포도주가 창조자의 선물이라는 점을 주장하였지만, 영적인 완벽을 추구하는 자들은 절제를 촉구하였고, '하나님의 선물을 남용하는 것은 죄'라고 주장했다.[213] 다음은 독일의 구전에 등장하는 아우구스티누스의 포도주에 대한 입장의 요약이다.

많은 경우에 포도주는 인류에게 필요한 것이다. 포도주는 위장을 강하게 하며, 개인의 활력을 불러일으키며, 피가 차가운 자의 몸을 데워주며, 상처에 부어주면 치료가 된다. 포도주는 영혼의 슬

210 http://www.ccel.org/ccel/schaff/anf02/Page_237.html
211 Kreglinger, The Spirituality of Wine, 41.
212 The Spirituality of Wine, 42.
213 The Spirituality of Wine, 42.

품과 피로를 몰아내 준다. 포도주는 기쁨을 주며, 친구들을 위하여 포도주는 대화의 기쁨을 더해 준다.[214]

이처럼 기독교가 공인되고 국교화된 로마 제국에는 기독교 이전의 포도주 관습을 기독교화한 유럽 기독교로 인해서 그 어느 곳에서나 포도주가 필요했다.[215] 이와 같은 상황 속에서 촉매제 역할을 한 것이 수도원이다. 이제 수도원의 탄생과 발전에 대한 개괄적인 역사를 살펴보자.

수도원 생활의 기원

수도원(monastery)은 라틴어 모나스테리움에서 나왔고 수도원 건물이란 폐쇄된 공간을 의미하는 클라우데레에서 비롯된 클라우스트룸에서 나왔다.[216]

어원적으로 보면, 수도사라는 말은 '홀로 살아가는 사람'(모나코스/모나구스)을 의미한다.[217] 수도 생활의 기원은 성 안토니우스(주후 251~356년경)로부터 비롯되었다. 그가 받은 소명은 '네가 온전하고자 할진대 가서 네 소유를 팔아 가난한 자들에게 주라 그리하면 하늘에서 보화가 네게 있으리라'(마 19:21)이었다. 안토니우스는 그 말씀을 듣고 자신의 소유를 팔고 이집트 광야로 나가 홀로 기도와 금욕 생활에 헌신할 것을 결단하였다.[218] 그는 '3세기에서 4세기로 바뀌는 시점에서 이집트 사막에서 생활했던 최초의 은수자(隱修者)이자 위대한 선도자였다. 의심의 여지가 없는 분명한

---

214 Krenglinger, The Spirituality of Wine, 237 (저자는 독일에서는 아우구스티누스의 말로 자주 인용되지만, 정확한 출전은 알 수 없다고 말한다.
215 퀴스터, 《곡물의 역사》, 224.
216 최영걸, 《수도원의 역사》 (서울: 살림, 2004), 17.
217 크리스토퍼 브룩, 《유럽을 만든 은둔자: 수도원의 탄생》 (이한우 역; 서울: 청년사, 2006), 23ff.
218 데이비드 N. 벨, 《중세교회신학》 (이은재 역; 서울: 기독교문서선교회, 2012), 70.

사실로 대규모 운동으로서의 수도생활은 이집트 사막에서 시작되었다.[219] 사실 공동체 생활은 이집트 젊은이 파코미우스가 창설했다고 한다. 파코미우스 수도원에는 여러 형태의 숙소가 있었고 수도원 유지를 위한 노동과 수작업들을 필요로 했다.[220] 또한 이러한 수도원을 제대로 운영하며 경건 생활을 꾸려가기 위한 규칙이 필요했다.[221]

사막의 수도원과 유럽의 수도원의 차이

유럽의 수도원에 포도주와 맥주가 도입되어 기독교 문화의 중요한 요소가 되었던 요인은, 절대적으로 금욕주의적이었던 이집트 사막의 교부들과의 중대한 차이에서 비롯되었다. 사막의 교부들은 초기 수도원 운동의 창시자들로서 가능한 한 모든 유혹에서 벗어나려고 노력했기 때문에, 모든 종류의 탐욕을 촉발하는 원인들 가운데서도 특별히 포도주(술)와 여인을 멀리하였다. 물론 그들은 성찬의 포도주만은 멀리하지 않았다.[222]

이처럼 이집트과 비잔틴 동로마제국 지역의 절대적인 금욕주의와는 달리 서방 교회의 수도원은 상대적인 금욕주의를 수행하였다. 즉 그들은 고기와 포도주와 같은 음식의 절제를 요구하였지만, 전면 거부하는 태도를 취하지는 않았다. 이것이 사막 교부들이 세운 초창기 수도원과 유럽 기독교가 세운 수도원의 중요한 차이이자, 유럽 기독교가 세속적인 측면에서도 포도주와 맥주의 옹호자가 되게 된 이유 가운데 하나다. 그러나 경건한 기독교인들의 경우에도 일 년의 절반 정도를 고기와 유제품을 경건을 목

219 브룩, 《유럽을 만든 은둔자》, 27.
220 데이비드 N. 벨, 《중세교회신학》 (이은재 역; 서울: 기독교문서선교회, 2012), 72–73.
221 규칙 등에 대한 수도원 발전사에 대해서는 데이비드 N. 벨, 《중세교회신학》 (이은재 역; 서울: 기독교문서선교회, 2012), 74ff.를 보라.
222 Krenglinger, *The Spirituality of Wine*, 43.

적으로 금해야 했다.[223]

이제 서유럽의 수도원 운동에 나타난 술 이야기를 하기에 앞서서, 동방교회의 수도원과 서방교회의 수도원의 차이를 개괄적으로 짚어볼 필요가 있다. 미국의 교회사학자 후스토 L. 곤잘레스는 두 수도원 운동들 사이에 다음과 같은 세 가지 차이점이 있다고 주장한다.[224]

	동방교회 수도원	서방교회 수도원
목표	자기부인	세상에서의 선교를 위한 영혼과 아울러 육체의 훈련
이상	육체의 징벌을 위한 독수도생활[獨修道生活]	극단적인 고립을 거부함
부작용	교회지배층과의 계속적 갈등을 초래	가톨릭 교회와의 갈등은 없음

서방교회에 동방수도원의 금욕주의를 최초로 소개한 사람은 성 안토니우스의 전기를 저술한 아타나시우스였고, 그는 실제로 동방수도원에 거하기도 하였다. 그리고 서부 유럽에 정식으로 수도원이 도입된 것은 프랑스 투르의 마르티누스(대략 316~387년)에 의해서였으며 동방의 수도원의 규칙을 서방에 소개하고 그에 근거하여 그 나름의 수도원공동체를 조직하였던 것은 4세기 중엽 베르첼리의 감독 에우세비우스(Eusebius)였다.[225]

일차적으로 교회는 그리스와 로마 사람들의 관습에 따라 대중적인 술이었던 맥주를 멀리하고 고상한 술로 여겨졌던 포도주를 애호하는 입장을 취했으며, 특히 포도주가 교회의 성찬용으로 사용되었다는 점에서도 그러했다. 마찬가지로 초창기의 서방기독교의 대표자들도 로마의 전통에 따라

223 로던, 《탐식의 시대》, 267.
224 후스토 L. 곤잘레스, 《초대교회사》 (2010년 개정증보판; 엄성옥 역; 서울: 은성, 2012), 28.
225 데이비드 N. 벨, 《중세교회신학》 (이은재 역; 서울: 기독교문서선교회, 2012), 76~77.

맥주에 대한 불쾌감을 표시하였다.

4세기 기독교 역사가 에우세비우스(Eusebius)는 이집트 맥주가 '불순물이 섞여 있고 탁하다'고 평가했다. 비슷한 시기에 키릴루스(Cyrilus)는 '이집트인들이 마시는 차갑고 탁한 술은 불치병을 초래할 수도 있지만 포도주는 마음을 기쁘게 한다'고 말했다. 5세기 신학자 고레스의 테오도레토스(Theodoret, 393~458년경)도 다음과 같은 말을 했다.

> 이집트 맥주는 자연스러운 음료가 아니라, 인공적인 음료이며 신맛이 나고 악취가 나기 때문에 몸에 해로울뿐더러 조금의 기쁨도 안겨주지 못한다. 이런 것들이야말로 불경죄에 따르는 교훈으로, '사람의 마음을 기쁘게 해주는' 와인과 다르다.[226]

교회가 맥주를 수용하다

이처럼 로마인들의 태도처럼 초기 유럽 기독교인들에게도 맥주는 선호할만한 음료가 아니었다. 그러나 전통적인 로마제국의 영토를 벗어나 유럽 전체에 기독교가 전파되면서 그 상황은 점차 변화되었다. 로마인들이 만든 길을 따라 영국과 독일지역에도 서방기독교가 전파되었다. 그런 상황 속에서 맥주에 대한 거부는 점차적으로 잠식되긴 하였지만 오랜기간에 와인은 고급술로, 맥주는 대중주(大衆酒)로 자리매김하였다. 그러한 점에서 역사상 곡물의 생산을 유지하기 위해 포도원의 확산을 막은 적은 있으나, 식량의 대체재로 인식되던 영양가 높은 맥주의 제조를 금하지는 않았다.[227] 이러한 전통은 유럽 기독교의 전통이 되었으나, 머지 않아 유럽 교회

---

226 필립스, 《알코올》 89~90.
227 필립스, 《알코올》, 94~95.

의 전통 가운데 중심을 차지하게 되었다. 심지어 영국에서는 젊은 여인이 결혼하게 되었을 때, 그녀가 다니는 교회는 그녀를 위하여 특별한 신부용 맥주(bride's ale)를 만들었다고 하는데, 거기에서 결혼축하연(bridal)이라는 말이 유래했다고 한다.[228]

이제 마지막으로, 다음 장으로 넘어가기 전에 한 가지를 더 언급하고자 한다. 교회가 맥주를 수용함과 더불어 포도주 저장에 관한 중요한 발명이 있었다. 고대 근동에서 그리스-로마에 이르기까지 일반적으로 술을 보관하는 용기는 암포라(바닥이 뾰족하고 허리가 원형인 토기)와 가죽부대였다. 그러다가 북유럽의 켈트족이 포도주를 제조, 보관, 수송하는 데, 만들기도 쉽고 그 형태를 유지하기에도 더 용이한 둥근 나무통(현대의 술통과 유사함)을 만들어 그곳에 보관하였다.[229] 이것도 포도주의 장기적인 보존과 확산에 중요한 역할을 담당한다.

---

228 마크 드리스콜, 《새롭게 복음》, 189. 콜린스 사전에 따르면, 고대영어 brȳdealu는 문자적으로 '신부의 에일맥주', 즉, '결혼잔치'를 의미한다(출전, http://www.collinsdictionary.com/dictionary/english/bridal).
229 로던, 《탐식의 시대》, 133.

중세 기독교와 술

이제부터 중세, 기독교, 수도원, 그리고 술이라는 주제로 본 장을 살펴보고자 한다. 사실 중세(中世)라는 말은 르네상스의 인문 주의자들이 자신들의 시대와 고전시대 사이의 천년 간을 중간시대(medium aevum)이라고 부른데서 비롯되었다. 그리고 그것이 나중에 중세(middle age)로 고착되었다. 인문주의자들은 고대를 높이고 중세를 야만의 시대로 돌렸다.[230]

중세에는 다양한 변화가 일어났다. 우선 상업의 발달 및 인구 증가와 도시화라는 특징이 있다. 술 소비도 여기에 예외가 아니어서, 농촌이 술을 생산하고 도시가 소비하는 패턴이 정착되었다. 이러한 과정 속에서 가내 수공업의 양조 기법은 거대 양조장에 밀리고 표준화 정책과 세금 부과 정책을 통하여 정부로부터 규제되었다. 그럼에 따라 양조의 주체가 가정의 여성에서 공장형태 양조장의 남성으로 전환되었다.[231]

중세 기독교(기원후 400~1천 5백 년)는 교황 제도와 수도원 제도로 유

230 강유원, 《장미의 이름 읽기: 텍스트 해석의 한계를 에코에게 묻다》 (서울: 피토, 2004), 37.
231 필립스, 《알코올》 113-118.

명하다. 중세 기독교에는 신부, 수녀, 수도원이 대단히 흔해졌다. 이것은 중세에 종교심이 함양되었다는 의미이기도 하고, 많은 사람들이 사회적 혼란과 권력의 집중으로 인하여 물심양면으로 기존 종교에 의탁할 수밖에 없었다는 의미이기도 하다. 이것은 수도원 제도가 대규모로 성장하였고, 널리 확산되었으며, 매우 강력한 행정기관이 되었다는 뜻이다.[232] 그러나 산업화와 마찬가지로 지식의 보편화와 보급의 속도는 교육의 중심의 전환을 초래하였다. 그래서 12세기 부터는 중세 교육이 수도원 중심에서 대학교로 이동하게 되었고 수도원의 교육 기능이 약화되기 시작했다.[233]

앞에서도 살펴보았듯이, 중세의 꽃은 수도원이라고 할 수 있다. 국가나 교회로부터의 독점적인 지위를 부여받았다는 점(그 이유와 배경에 대해서는 아래에서 다룬다)이 가장 중요하다. 유럽의 수도원은 교황 제도 속에서도 자치를 유지할 수 있었다. 그러한 토대 하에서 중세 유럽 수도원이 영성과 술(의 제조와 음용의 관행)을 유지하고 발전시켰던 데에는 몇 가지 이유가 있었다. 그것은 (1) 로마의 음주 문화 (2) 기독교 신학(영성), (3) 수도원이나 포도원을 위한 토지의 기증, (4) 수도사들 가운데 포도나무의 개량과 포도주의 질적인 발전, 보존기술이라는 전문집단의 연구발전으로 정리된다.

그 외에도 수도원이 술제조의 중심이 된 이유[234]는 다음과 같다. (1) 매일의 성찬용, 수도사들의 매일의 음료용의 필요성의 증가. 또한 부수적으로 유럽이 기독교화하였다는 말은 많은 중세인들이 정기적으로 혹은 중요한 시기에 교회 미사에 참여하게 되었다는 의미다. 중세 초기 만해도 성찬 때 미사 참여자들이 빵과 포도주를 받았다. 마찬가지로 미사 후에 참석자들

232 데이비드 N. 벨, 《중세교회신학》 (이은재 역; 서울: 기독교문서선교회, 2012), 70.
233 최영걸, 《수도원의 역사》 (서울: 살림, 2004), 94.
234 Krenglinger, *The Spirituality of Wine*, 48의 요약이다.

은 포도주를 마실 수 있었다.[235] (2) 증가하는 순례객들이나 수도원 방문객들을 위한 음료용 술 제조의 필요성. (3) 수도원 유지를 위한 교역(交易)에 사용할 판매용. (4) 중세 수도원에서 포도주 발전에 기여한 사람들 혹은 수도원의 활약. 즉 프랑스의 뚜르 출신의 마르탱(혹은 마르티누스) 수도사와 아일랜드 출신의 갈 수도사이며 수도회로서의 베네딕투스 수도회, 프랑스 디종(Dijon) 근처의 시토회의 수도회 등이 있었다.

유럽 수도원에 포도주가 도입되다

서방(유럽)수도사 가운데 포도주를 옹호한 첫 번째 (전설적인) 인물은 기원후 4세기의 뚜르의 마르탱(혹은 마리티누스, Martin of Tours)이었다. 그는 포도주를 수용하고, 프랑스에서 포도 재배와 포도주 생산에도 중요한 기여를 한 사람으로 유명하다. 그는 골(Gaul) 지방의 유명한 전도자였으며 물을 포도주로 만든 것 이외에 많은 기적을 일으켰다고 알려져 있다. 독일의 위대한 종교개혁자 마르틴 루터(Martin Luther)도 세례받는 날이 성 마르탱의 축일이라서 마르틴이라는 영세명을 받았다. 그리고 마르탱은 포도주의 수호성인의 반열에 올랐다.

사실 포도주에 대한 마르탱의 업적은 전설적인 면이 강하지만, 누르시아의 베네틱트(Benedict of Nursia, 480~547년경)의 포도주에 대한 기여는 수도회 규칙문서로 남아있다는 점에서 역사적이다. 그 문서는 수도사들과 수도원 사역의 전모, 즉 수도사들이 자고, 먹고, 마시고 옷 입는 것에 대한 규칙을 포함하고 있다. 물론 포도주를 마시는 문화는 유럽에 이미 자리잡고 있었다._주후 840년경 이탈리아 누르시아 출신 베네딕투스가 창

235 Krenglinger, *The Spirituality of Wine*, 48.

설한 수도원의 규율집에 따르면, 수도원은 동방교부와 수도원에서 가장 중요하게 여기던, 극단적인 금욕주의를 버리고 수도사들에게 균형잡힌 검소한 식사에 매일 적당한 양의 포도주를 배급하였다.[236] 음료로서의 포도주는 과음이 아닌 한, 적절한 섭취는 허용되었다.[237] 왜냐하면 음주가 더위 가운데 노동하는 수도사들에게 주는 수분 섭취의 유일한 안전 수단이었기 때문이다. 이러한 사소해 보이지만 중대한 차이가 맥주와 포도주를 수도원과 기독교에게서 분리시키지 않고 신학화하는 데에 중요한 단초를 제공해주었다는 점을 잊지 말아야 한다.

이처럼 서방 교회의 수도원들이 중세신학을 나름대로 발전시켰다는 점, 교회개혁 운동을 주도했다는 점[238], 아울러 술에 대한 독특한 신학을 유지시키고 발전시켰다는 점도 그들이 남긴 큰 기여로 여길 수 있다. 중세의 수도원은 제후들을 포함한 여러 사람들의 '방대한 선물과 유산'을 계속적으로 수용함으로서 더 거대하고 방대한 재산과 토지를 소유할 수 있었다. 그러한 점에서는 세속과 교회들과의 타협적인 측면도 있었다. 그러나 유럽의 신자군 전쟁이 종료된 이후에 창설된 프란시스코 수도회(가난과 청빈을 강조)와 도미니크 수도회(탁발[托鉢]을 강조)의 경우에는 이전 수도회들과는 달랐으며, 이 두 수도회 사이의 중대한 차이점은 학문을 수도사들의 임무로 보았는가의 여부에 있었다.[239]

베네딕투스 수도원 규칙은 '하루의 일정한 시간을 신성한 독서(lectio divina)', 즉 성서, 교부, 거룩한 저술들을 읽는 일로 유명하며 이러한 강조점은 수도원의 도서관을 발달시킨 요인이 되었다.[240] 중세의 베네딕투스

236 곤잘레스, 《초대교회사》, 29.
237 Krenglinger, *The Spirituality of Wine*, 44-45.
238 곤잘레스, 《초대교회사》, 101.
239 곤잘레스, 《초대교회사》, 154.
240 존 볼드윈, 《중세문화》 (박은구/이영재 역; 서울: 혜안, 2002), 100.

수도원의 성무일과(聖務日課)는 다음과 같았다.[241]

이름	시간
조과(早課)	새벽 2:30~3:00
찬과(讚課)	오전 5:00~6:00
1시과	7:30(해뜨기 직전)
3시과	9:00 전후
6시과	정오
9시과	오후 2:00~3:00
만과(晚課)	해질녘 오후 4:30
총과	오후 6:00 전후

중세 수도원의 술과 관련된 발전

6세기 이후로는 점차 유럽의 수도원들에서 포도주뿐만 아니라 맥주도 받아들였다. 이것은 아마도 프랑스와 독일로 기독교가 전파된 이후의 일일 것이다. 즉 교회와 지역 통치자들과 재력가들의 후원 덕택에 수도원은 넓고 비옥한 포도원과 보리밭을 소유하게 되었고,[242] 수도사라고 하는 술전문 연구가와 기술자들을 배출해 낼 수 있게 되었으며, 결국 수도원이 포도주와 맥주의 독점적인 지위와 전문적인 기술을 발전시킬 수 있게 되었다. 6세기 말(597년)부터 선교를 위하여 온 수도사들은 영국 켄터베리 수도원에서 영국 전통 맥주인 '에일(Ale)'을 양조하게 되었다.

이러한 전통은 포도 경작이 어려운 곳에서 수도사들이 포도주 대용으로

---

241 중세 수도원의 도서관의 금서와 관련된 7일간의 사건을 다루는 움베르토 에코의 《장미의 이름》에 언급된, 1327년 11월말의 성무일과이다.
242 이러한 일은 심지어 587년 부르군디(Burgundy)의 왕이 자기 땅을 포도 재배를 위하여 수도회에 기증한 일에 대해서도 발견할 수 있다(Krenglinger, The Spirituality of Wine, 45).

맥주를 양조하였던 것에서 비롯된다.[243] 물론 맥주가 가톨릭교회에 신학적으로 수용된 것은 주후 751년 프랑크 카롤링거 왕조 시절의 수도원까지 거슬러 올라간다.[244] 이 수도사들에게 맥주는 주식(主食)이었으며 심지어 40일이라는 금식 기간에도 하루 한 끼의 조촐한 식사 이외에 흐르는 빵인 맥주는 마실 수 있었다.[245] 물론 이들에게도 만취하여 주정을 하고 토한다면, 직분의 높고 낮음이나, 잘못의 크고 작음에 따른 크고 작은 징계를 받아야 했다.[246] 물론 그와 같은 수도사들의 부작용도 있기는 했지만, 중세 수도원이 만들어내는 질이 좋은 맥주(심지어 포도주)는 수도원을 유지해나가는 중요한 수입원이기도 하였다.[247]

로마제국이 확산되면서, 주후 400년경 교회가 포도와 포도주가 심지어 남부, 동부유럽 일대에까지 퍼졌고, 로마제국의 멸망 이후에 수도원이 포도주 생산을 독점하게 되어 결국 유럽 전 지역에 포도나무를 육성하고 포도주 제작기술을 심화, 전문화하였으며 결국 신학화하였다.[248] 그래서 풀다(Fulda), 장트 갈렌 등의 유명한 수도원들이 중세에 훌륭한 포도주를 생산하였고 品種 개량과 제조기술을 발전시킬 수 있었다. 그러는 동안 포도주는 프랑스를 넘어 독일과 동부 유럽에까지 전파되어 생산되기에 이르러,[249] 중세에 이탈리아, 프랑스, 독일은 포도주의 생산지이면서 주소비지가 되었다. 유럽 내의 포도주와 맥주 생산은 포도와 보리의 생육과 관련하여 자연스럽게 양분되었다.

243 미쓰루, 〈맥주〉, 33.
244 블루메, 〈맥주〉, 111ff.
245 블루메, 〈맥주〉, 113.
246 블루메, 〈맥주〉, 113.
247 블루메, 〈맥주〉, 112.
248 필립스, 〈알코올〉 90-1.
249 Krenglinger, *The Spirituality of Wine*, 46.

8세기, 대규모 맥주 양조의 시작

앞서 간단하게 개괄하였듯이 기원후 8세기부터 수도원은 양조 장비를 구비할 수 있는 충분한 재원과 필요한 곡물양을 얻을 수 있는 넓고 비옥한 밭을 갖추었다. 또한, 술을 제조하는 인력(수도사들)과 그것을 소비할 충분한 사람들(순례객들)이 생겨났다.[250] 8세기부터 수도원의 방문자(순례자)들을 위하여 게스트하우스(guest house)를 마련하고 그들에게 음식과 음료(에일)를 제공하게 되었다. 이 게스트하우스는 나중에 에일 하우스(Ale house)나 태번(Tavern)의 시초가 되었다. 이것은 결국 12세기 말부터 13세기까지 거리에 가득 차게 되었다.[251] 중세시대에는 수도원이 순례객이나 방문객들에게 술뿐만 아니라, 음식과 잠자리까지 제공하는 것이 의무였다.[252] 마치 중국에서 주점(酒店)이라고 하면 식당과 숙소를 제공하는 호텔의 기능을 수행하는 것과 유사하다. 결국 환대와 영접의 정신을 구현하는 수도원(수공업자와 상인길드도 이러한 역할을 수행하였다[253])과 더불어 영리를 목적으로 하는 상업적인 접객업소(tavern)가 발달하게 되었다.

여러 종류의 방문객들에게 맥주를 공급하던 중세의 수도원 가운데 유명한 곳은 스위스 보덴 호 남쪽에 있는 장트 갈렌(Sankt Gallen) 수도원이다. 이 수도원은 590년 아일랜드 뱅거 수도원의 콜롬바누스(Columbanus) 수도사가 유럽 대륙 선교 여행 중에 동행했던 켈트 사람 갈(Gall, 주후 550년경~ 646년경) 수도사가 질병으로 인해 스위스의 콘스탄스 호수 근처에 정착하게 되었으며, 그가 죽은 후에 수도원이 그 지역에 창설된 후

---

250 필립스, 《알코올》, 96.
251 미쓰루, 《맥주》, 34.
252 블루메, 《맥주》, 196.
253 블루메, 《맥주》, 199.

그의 이름을 따라 명명되었다고 한다.[254] 물론 갈 수도사가 맥주를 전문적으로 제조했는지의 여부는 아직도 논란의 여지가 있으나, 장크 갈렌 수도원이 중세 초기의 수도원 맥주 제조의 중요한 거점이었다는 역사적 가치는 있다.[255]

720년에 스위스에 세워진 수도원 도시 성 갈렌은 유럽 최초의 맥주 전문 생산지였다. 여기에서 100명이 넘는 수도사들이 세 곳의 양조장에서 다양한 맥주를 빚었다. 이들은 고위성직자들과, 일반 수도사와 손님과, 걸인과 빈민을 위한 세 종류의 맥주를 생산해냈다.[256] 이로 인해서 8~9세기에 유럽의 여러 수도원이 주된 맥주의 공급처가 되었으며, 결국 맥주가 유럽 중세 기독교의 공식적인 음료로 인정받는 계기가 되었던 것 같다.[257] 이러한 전통은 이어져서, 10세기에는 장트 갈렌 수도원에서 많은 수도사들이 세곳의 양조장에서 세 종류의 맥주(귀빈용, 수도사/순례자용, 농부/가난한 순례자용)를 양조하였다.[258] 앞서 말한대로, 곡식과 빵과 맥주 제조가 서로 밀접한 관계를 갖고 있었기에 수도원에서 제분소, 제빵소, 맥주 양조실은 이웃한 건물에 배치되어 있었다.[259]

물론 포도주와 맥주가 유럽 수도원에 정착되는 기간에 민간 양조장과 포도원이 없었던 것은 아니지만,[260] 점차적으로 성직자들에게 포도나무를 심고 재배하라는 명령이 나올 정도로 수도원의 독점적인 재배권이 확정되었던 것처럼 보인다.[261] 사실 성만찬에서 사용되는 포도주의 양은 적었으므로 만들어진 포도주는 대부

254 https://en.wikipedia.org/wiki/Saint_Gall
255 http://zythophile.co.uk/false-ale-quotes/myth-6-as-early-as-the-ninth-century-the-abbey-of-st-gall-in-switzerland-had-three-breweries-in-full-operation/
256 블루메, 《맥주》, 123.
257 필립스, 《알코올》 97.
258 미쓰루, 《맥주》, 97.
259 미쓰루, 《맥주》, 101.
260 필립스, 《알코올》 99.
261 필립스, 《알코올》 99.

분 수도사들이나 방문객을 위한, 그리고 외부에 내다 파는 용도로 사용하였다.[262]

맥주의 보급과 마찬가지로 기원후 1천~1천2백 년 사이에 유럽 내 포도주의 공급도 확대되었다. 제조가 늘고 판매가 더 용이해졌으니, 자연히 포도주의 판매량도 늘 수밖에 없었다.[263] 종교적이거나 세속적인 이유로 지주나 영주가, 혹은 국가적 차원에서도 수도원에 포도밭을 기부하는 사례가 많아졌다. 이와 같은 혜택을 받아 급성장한 수도회가 부르고뉴의 시토(Citeaux)회다. 이 수도회는 프랑스에 수많은 수도원을 세웠고 수도사들은 포도나무를 심었으며 심지어 프랑스 외 다른 지역에도 특히 독일 라인강 지역에 에베르바흐 수도원을 세우고 너른 포도밭을 가꾸며 많은 수도사들이 포도주를 빚었다.[264]

서방의 중세 수도원에서 맥주는 수도사의 일상 식품이었다.[265] 다른 대체음료수가 없던 중세 초기에는 전통맥주인 에일이 빵에 곁들이는 수프 역할을 대신했다. 수도사들의 음주를 절제시킬 엄격한 규칙이 필요할 정도였다.[266]

수도원의 양조는 남자 수도사가 맡았지만, 가정 양조(home brewery)는 대개 여성의 일이었다. 고대 이집트, 그리스, 메소포타미아, 게르만, 어느 민족이든 원래 맥주 빚는 일은 가정 주부의 몫이었다.[267] 그렇기 때문에 양조는 신부 수업 가운데 필수 과정이었고 맥아를 끓일 때 사용하는 큰 솥도 필수 혼수 용품이었다.[268] 이러한 관례는 심지어 청교도들이 신앙의 자

262 필립스, 《알코올》 100.
263 필립스, 《알코올》 120-24.
264 필립스, 《알코올》 125-26.
265 무라카미 미쓰루, 《맥주, 문화를 품다》(이현정 역; RHK, 2014), 5.
266 미쓰루, 《맥주》, 89.
267 블루메, 《맥주》, 159ff.
268 미쓰루, 《맥주》, 5.

유를 찾아 신대륙으로 이민갈 때도 가져가야 하는 필수품 목록에 들어갈 정도로 오래 지속되었다. 에일하우스와 같은 상업적 숙소에서도 맥주를 제조하는 임무는 여자(여주인)가 담당했다.[269] 이렇게 중세 수도원과 가정의 여인들(심지어 소규모의 숙박업소)이 맡았던 양조기술은 나중에서야 남자들과 일반 수공업자들의 손으로 넘어가게 된다.[270] 종교개혁 이후 여러 가지 요인들로 해서[271] 극소수의 수도원만 남고 나머지 수도원들과 수도사들이 환속하였다. 이제 맥주 제조는 본격적으로 양조 수공업자들의 시대로 넘어가게 된다.[272]

술의 발달에 관한 중세 수도원의 기여를 논할 때, 특별히 베네딕트회와 시토회 수도사들의 공적을 언급해야 한다. 물론 도시들과 지역 당국의 재정적인 후원, 고급인력으로서의 수도사들, 그리고 그들의 철저한 전문적 분업 활동 등이 그러한 결과를 초래했다.[273] 10세기경 베네딕투스 수도 규칙을 엄수하려는 클뤼니 수도원의 개혁 운동이 있었고 그 후에 시토 수도회가 침묵과 은둔을 강조하였다. 중세 중기에는 약 500곳의 수도원 양조장이 만들어졌다.[274]

12세기부터는 홉이 맥주에 사용되기 시작했다. 이전에 사용하던 원료, 즉 다양한 약초를 혼합한 그루이트(Gruit) 대신에 맥주에 쓴맛과 항균 효과를 내는 홉(Hobs, 학명, Humulus lupulus)[275]을 처음으로 첨가한 사람은 독일 라인 강변의 빙엔(Bingen)에 있는 루페르츠베르크 수녀원의 힐데가르데(1098~1179년) 원장이었다.[276] 그녀는 홉 기술과 관련하여 〈자

269 미쓰루, 《맥주》, 36.
270 미쓰루, 《맥주》, 38.
271 수도원의 해체에는 종교개혁의 영향도 있었지만, 1618년에 시작된 30년전쟁[전쟁중에 남독일의 포도밭이 전적으로 파괴되는 바람에 포도주 대신 맥주를 양조하게 되었다고 한다~미쓰루, 《맥주》, 135], 1803년의 나폴레옹의 수도원 국유화 등의 지속적인 영향도 있었다(미쓰루, 《맥주》, 94).
272 미쓰루, 《맥주》, 38.
273 블루메, 《맥주》, 119~120.
274 블루메, 《맥주》, 125.
275 홉에 대한 자세한 설명은 퀴스터, 《곡물의 역사》, 225~27를 보라.
276 미쓰루, 《맥주》, 39~40.

연 속의 본질에 대하여〉라는 책을 쓸 정도로 전문적 식견이 높았으며 수녀들을 양조 기술자로 교육하여 배출하였다.[277] 홉을 첨가한 맥주는 판매에 있어서 중요한 전기를 마련했다. 즉 홉을 사용하게 된 동기 가운데 하나는 해로운 박테리아를 죽여 맥주가 변질되는 시기를 늦추기 때문이었다. 그 결과 맥주를 더 먼 곳으로 수송할 수 있었으며, 저 알코올 도수에 더 단 맥주를 더 광범위한 지역에 판매할 수 있게 되었다.[278] 중세 수도원에서 맥주를 제조한 것은 식수원에 대한 불신과, 맥주가 지닌 전염병에 대한 강한 저항력 때문이기도 했다.[279]

중세 독일에서 1516년에 바이에른 공작 빌헬름 4세는 맥주의 표준화를 위하여 소위 맥주 순수법 즉 맥주를 '보리, 홉, 물'로만 제조할 것을 명시하였다.[280] 이러한 상황 속에서 수도원은 지역의 사설(私設), 혹은 개인 양조장과의 경쟁과 갈등을 빚기도 하였다.[281] 맥주 산업에 따른 갈등은 세금의 문제이기도 했으며 질의 문제이기도 했으며, 제조과정에서 발생할 수 있는 도시나 마을의 화재(火災)의 원인이기도 하였다. 결국, 맥주 제조와 판매는 15세기 독일 경제의 중요한 한 축을 차지하게 되었다.[282]

공동체의 결속과 축제를 위해서는 맥주가 반드시 있어야 했고, 교회 내에서 세례 축하 맥주, 영아 세례 맥주, 출산 기념 맥주 등 다양한 이름으로 때에 맞춰 맥주를 즐겼다.[283] 심지어 중세 잉글랜드에 만찬 예배가 있었다. 이것을 '교회 맥주판'(church ale)이라고 불렀다. 신도들은 매년 다섯 번에 걸쳐 잔치 미사(glutton messes)에 참여했다.[284] 이들은 미사 후에 각자

277 미쓰루, 〈맥주〉, 89.
278 필립스, 〈알코올〉, 119.
279 블루메, 〈맥주〉, 119.
280 블루메, 〈맥주〉, 134.
281 블루메, 〈맥주〉, 127-129.
282 블루메, 〈맥주〉, 137.
283 블루메, 〈맥주〉, 174-176.
284 블루메, 〈맥주〉, 97.

먹을 것을 가져와서 흐드러지게 먹고 마시는 행사를 거행하였다. 아마도 이것은 기독교 이전의 세속 문화에 대한 기독교적 해석이었을 것이다.[285]

중세의 음주 논의

상류층은 고급 술을 즐겨마셨을 것이며 중류층과 군인들은 (여전히) 급여의 일부였던 술을 마셨다. 노동자들이나 군인들에게 술을 제공하는 관행은 그 역사가 깊어서, 고대 이집트의 피라미드 건축 노동자들로부터 근대에 이르기까지 지속되었다. 이 와중에 극빈층만이 건강의 위험을 무릅쓰고 안전하지 않은 강물이나 우물 혹은 질 낮은 술을 조금씩 마셔야 했다. 물론 이러한 상황에서 과도한 음주와 그에 따르는 여러 가지 비윤리적 행위나 소란 행위를 규제하려는 시도는 간헐적으로 있었지만,[286] 근대 이후처럼 금주나 절주하려는 체계적인 시도는 없었다. 당시에는 의학적으로도 (우리가 알고 있는 정도의) 음주의 부정적인 결과에 대한 체계적인 연구는 없었다.

교회의 제의와 포도주의 사용

지금까지 중세 유럽 속에서 맥주와 포도주가 어떻게 이해되고 사용되었는가를 살펴보았다. 이제 중세 교회의 종교의식에서 포도주가 어떻게 이해되고 사용되었는가를 살펴보자. 첫째는 성찬 논쟁이며 둘째는 그리스도의 고난과 구속을 성찬과 관련하여 어떻게 이해하였는가를 살펴보고 마

---

285 블루메, 《맥주》, 98.
286 필립스, 《알코올》 139-140.

지막으로 성찬에서 일반 신도들에게 포도주가 배제된 이유를 살펴보자.

1) 중세 교회의 성찬 논쟁

우리는 중세에 벌어진 포도주와 관련된 성찬론에 대한 두 가지 논쟁에 주의를 기울일 필요가 있다.

하나는 832년경 프랑스의 대수도원장 파스카시우스 랏베르투스(대략 790~865년)가 시작한 논쟁이다. 그는 아우구스티누스의 상징론을 실재론(realism)과 결합시키려고 했다. 그는 성찬을 단순히 물질적인 식사가 아니라, 그리스도와의 연합으로서의 '영적인 향연'으로 보았다. 이에 반대하여 독일 마인쯔의 대주교 라바누스 마우르스(주후 780~836년)는 성찬의 빵과 포도주는 상징(symbolism)일뿐이라고 주장했다. 또한 베네딕투스파 수도사 라트람누스(Ratramnus)의 질문에 대답하면서 랏베르투스는 그리스도는 성찬을 통하여 '상징적으로만' 임재하신다는 점과 성찬에 영적으로 임재하시는 그리스도의 몸은 부활, 승천하신 그리스도의 몸과는 다르다고 주장했다.

두 번째 중요한 논쟁은 투르의 베렝가리우스(Berengar of Tours)가 제기한 "그리스도의 몸과 피는 순전히 영적인 의미로 소모될 뿐"이라는 주장에서 비롯되었다. 이에 대하여 1050년에 개최된 한 종교회의는 실재론을 지지하였고 상징주의를 주장했던 베렝가를 정죄하고 파문하였다. 이 사건을 계기로 로마 가톨릭교회는 실재론을 더 발전시킨 화체설만을 정통 교리로 받아들이게 되었으며[287] 다음과 같은 몇 차례 종교 회의를 통하여 확증되었다. 즉 제4차 라테란회의(Council of Lateran 1215년)와 트렌트공의회(1551년).

287 로널드 맥킴, 《교회의 역사를 바꾼》, 299-306; 더 자세한 논의는 데이비드 N. 벨, 《중세교회신학》(이은재 역; 서울: 기독교문서선교회, 2012), 323-42를 보라.

2) 그리스도 논쟁

서방 교회와 서부 유럽에 포도주가 보편화되고 교회에서 신학화된 이후로 신학자들은 '포도주 틀과 구속사 사이의 심오한 병행'에 대한 개념을 심화시켰다.

(1) 포도주 틀을 사용하여 포도를 으깨고 압착하는 것이 이스라엘의 대적들에 대한 심판이라는 하나님의 구속적 행위(사 63:3)가 십자가에서의 그리스도의 대속적 죽음을 묘사하는데 사용되었다. 중세 예술가들은 포도주 틀 안에 포도와 함께 있는 그리스도를 그렸다.

(2) 15세기 말경에는 예술적 관심이 하나님의 틀(압착)에 대한 성찬적 해석으로 이동하였다. "하나님의 틀에서 흘러나오는 그리스도의 피가 포도즙 틀아래 흘러나오는 성찬컵에 모여지는 것에 초점이 맞춰졌다. 어떤 작품의 경우에는 그것이 틀에서 일하시는 하나님(성부)과 압착되어가는 십자가 위의 그리스도와, 십자가 꼭대기의 비둘기 형태의 성령과 같은 삼위일체론적으로도 묘사되기도 하였다.

(3) 어떤 경우에는 그리스도 지체가 고귀한 포도 혹은 포도주잔을 채우는 포도로 묘사되어있다. 이러한 표현은 교부들(알렉산드리아의 클레멘트, 시리아 사람 에프렘, 아우구스티누스)로부터도 그 전통을 발견할 수 있을 정도로 유서가 깊다. 이처럼 초대교부로부터 중세까지 이르는 그리스도와 포도(주) 혹은 포도주 틀 등의 신학적 연관성은 다양하게 신학화되었다.[288]

3) 성찬용 포도주를 예배자들에게 주지 않게 된 유래

사실 로마 가톨릭과 개신교에서 성찬의 차이점은 여러 가지가 있다. 그중 흥미로운 점은 로마 가톨릭의 경우 미사의 성찬을 집전하는 사제가 그

---

288 Krenglinger, *The Spirituality of Wine*, 51–52.

리스도의 몸을 의미하는 빵은 예배자들에게 나눠주지만, 그리스도의 피를 의미하는 포도주는 사제 자신만이 마신다는 것이다.

1~2세기에는 교회적으로 성찬식에서 빵과 포도주를 모두 사용했다는 것이 명백하다. 고대로부터의 관습은 포도주가 담긴 성배에 빵을 찍어 먹거나(intinctio) 성배에 담긴 포도주를 직접 마시는 것이었다. 그러나 3~4세기에 교회에 올 수 없는 병자에게 성찬을 전달하거나 미사에 참여하는 어린 아이에게나 금식하는 중인 신자들에게는 포도주를 빼고 빵만 나눠주는 전례가 있었다. 그러나 12세기까지는 성찬에 참여하는 사람에게 빵과 포도주를 어떻게 나눌지 명확한 논의는 없었다. 비록 점차적이지만, 참여자에게 성찬 포도주를 주는 것에 대한 공식적인 금지는 13세기부터다. 람베스 회의(1281년)는 성별된 포도주는 사제만이 받도록 하며 거룩하게 봉헌되지 않은 포도주(non-consecrated wine)는 신실한 자들이 받도록 하라고 지도하였다.[289] 이것은 아마도 불특정다수로 이루어지는 성찬 참여한 자들이 그리스도 보혈의 신성성을 침해하는 행위를 원천봉쇄하기 위한 것으로 보인다.

---

289 http://www.newadvent.org/cathen/04175a.htm

종교개혁자들과 술

우리가 유럽 종교개혁 시기로 삼는 16세기부터 18세기를 학술적으로는 근대 초기(early Modern Period)라고 규정한다.[290] 이 시대는 초기의 독일의 종교개혁과 계몽주의 말기 프랑스의 혁명을 통하여 수도회와 그들이 운영하는 포도원에 매우 중요한 대격변이 일어났다.[291]

수도원에 닥친 1차 위기는 종교개혁의 여파였다. 종교개혁 운동은 개신교권내의 수도원과 거기에 있던 성상을 파괴하는 것뿐만 아니라 수도사들을 환속시키는 일에까지 이어졌다.[292] 더 나아가 프랑스 혁명의 여파는 프랑스 내의 가톨릭 교회와 수도원 폐쇄를 가속화시켰다. 이후로 유럽에 세속적인 술의 시대가 열리게 되었다. 그러나 여전히 가톨릭 선교사가 가는 아프리카와 신대륙에는 식민지화와 더불어 기독교의 포도주 문화도 이식되었다.

---

290 필립스, 《알코올》 144.
291 Krenglinger, *The Spirituality of Wine*, 52-53.
292 월터 스콧, 《스코틀랜드 역사 이야기(2)》 (이수진 역; 고양시: 현대지성사, 2005), 31-33.

이제 우리는 독일, 스위스, 프랑스, 네덜란드, 그리고 영국과 같은 나라를 중심으로 한 종교개혁기에 포도주와 맥주를 어떻게 이해했는지 살필 차례다. 그 후에 종교개혁기의 성만찬 논쟁을 개괄하고자 한다. 일반적인 술의 사용에 있어서 가톨릭과 개신교가 별 이견을 보이지 않았으나, 성만찬의 의미와 관련하여 큰 차이를 보였다.

술에 대한 이해

종교개혁은 포도주보다는 맥주를 더 선호하는 유럽 지역에서 시작되었다. 다시 말하자면, 포도주를 더 선호하던 기후대와 맥주를 더 선호하던 기후대와의 충돌이랄까?[293] 그러나 이러한 분석은 종교개혁 이후에 개신교가 부흥했던 포도주의 산지 프랑스가 결국 대대적인 가톨릭교회의 억압에 무릎을 꿇었으며, 맥주를 더 선호한 독일의 경우에는 로마 가톨릭교회와 황제의 핍박에도 불구하고 개신교가 결국 승리하였다는 점에서 고려해볼 여지는 있다. 물론 이러한 구도는 (좀 더 정확하게 말하자면) 전통적인 종교와 제도를 반대하는 '새로운' 신앙에 대한 민중들의 선택보다는 제후들의 선택에 따른 승리라고 볼 수 있다.

로마 가톨릭교회와 초기 개신교 사이의 교리적인 갈등이 극심하였듯이, 술에 대해서도 이 두 교파 사이의 차이가 많았을까? 처음에는 교회 안팎으로 술 문제에 대해서 본질적으로 동일했다고 말할 수 있다.[294] 그러나 후대에 이르러 일부 개신교도들은 유럽인들의 대량 음주가 신성모독과 죄악의 주요 원인이었다고 믿었으며 교회가 금주와 관련하여 더 적극적으로 나서

---

293 필립스, 《알코올》 145.
294 필립스, 《알코올》 145.

야 한다고 주장했다(이 문제는 19세기 이후의 금주 시대를 다루는 부분에서 상세하게 다룰 것이다).[295] 이후 술을 바라보는 시각은 개신 교회 안에서도 크게 갈렸다. 성만찬에 사용되는 포도주 때문이었다.

이제 우리는 유럽의 초기 종교개혁자들, 마르틴 루터(Martin Luther)와 장 칼뱅(Jean Calvin)의 음주관을 살펴보려고 한다. 먼저 마르틴 루터를 다루겠다.

1) 마르틴 루터(Martin Luther, 1483~1546)

그는 1483년 11월 10일 독일 아이슬레벤에서 자정 직전에 장남(혹은 차남)으로 태어났으며 1546년 2월 18일 오전 2~3시 사이에 아이슬레벤에서 죽었다. 술과 관련하여 루터가 우리에게 남겨준 업적은 두 가지 정도다. 그는 (1) 성만찬의 술(포도주)을 평신도들에게 돌려주었으며 (2) 신(학)자도 맥주 예찬론자가 될 수 있다는 것을 보여주었다.

(1) 성만찬의 술(포도주)을 평신도들에게 돌려주다

독일의 종교개혁자 마르틴 루터하면, 이신칭의가 가장 먼저 떠오를지 모르겠지만, 우리의 주제와 관련하여 루터의 가장 중요한 업적은 성만찬의 술(포도주)을 평신도들에게 돌려주었다는 점이다. 이전까지 중세 로마 가톨릭 교회는 미사를 집전하는 신부가 포도주를 마시고, 미사에 참석한 신자들에게는 빵만 주었다(이 논의에 대해서는 이전 장을 살펴보라). 그러나 루터는 예수의 성만찬 제정 원리를 따라 성찬의 포도주와 빵을 신자들에게 돌려주어야 한다고 주장했다.[296]

---

295 필립스, 《알코올》 146.
296 최훈(《역사와 와인》, 52~53)에 따르면, 이러한 개혁에 다음과 같은 배경들도 작용했을 것이라고 보는 입장도 있다. 즉 독일의 포도주를 나눠 먹는 문화, 그가 살던 지역의 지리적 배경(작센-안할트와 튀링겐 지역, 포도경작지역), 수도원에서의 포도주를 즐겨마신 일 등.

(2) 신(학)자도 맥주 예찬론자가 될 수 있다

마르틴 루터가 속해있었던 아우구스티누스 수도회는 아우구스티누스의 수도 원칙을 따르는 남녀수도회로서, 1294년에 바이에른 공작의 요청에 따라 독일 전역에 세워졌다. 이들은 1328년부터 수도원에서 맥주를 빚었다.[297]

12~15세기 북독일의 도시들이 한자(HANSA)동맹을 맺었고 맥주 또한 주요 수출 품목 가운데 하나였다. 그곳의 작은 도시 아인베크(혹은 아임베크)의 길드가 빚었던 아인베크 맥주가 유명했다. 그 인기는 유럽 전역에 퍼져갔다. 바이에른의 공작 빌헬름 5세도 아인베크 맥주를 1591년 뮌헨에서 주조하기 시작했고 그 이름을 보크비어(Bockbier)[298]라고 바꾸어 생산하게 되었다. 루터가 비텐베르크에서 면죄부 관련하여 95개 조항을 발표함으로써 종교개혁을 일으키고 그의 주장이 독일 전역에 퍼지게 되자, 독일 신성로마제국의 황제 카를 5세가 루터를 소환하여 심문하기 위한 보름스 국회를 열게 된다. 흥미롭게도 이때에 루터와 맥주가 연관되는 사건이 발생한다. 1521년 4월 17일. 소환된 루터가 보름스에 온 둘째 날 황제와 제후들 앞에 서기 전에 황제의 비서였던 신교도 부인이 보크비어가 가득 담긴 1리터짜리 도기 맥주잔을 가져다가 루터에게 주었고,[299] 루터가 그 맥주를 마시고 국회의장에서 담대하게 자신의 입장을 변호했다고 한다. 마르틴 루터가 황제 및 종교 지도자들, 제후들 앞에서 종교개혁의 필연성을 설명하는 장면을 보자.

---

297 블루메, 《맥주》, 129.
298 이름이 바뀌게 된 이유에 대해서. 뮌헨 사람들의 사투리 때문에 아인베크가 보크로 바뀌었다고 한다(미쓰루, 《맥주》, 112).
299 미쓰루, 《맥주》, 6, 109.

그러나 제가 조용히 앉아서 필립과 암스도르프와 더불어 맥주를 마시는 동안 하나님께서는 교황 제도에 한 가지 치명타를 입히셨습니다.[300]

여기에는 다른 설명도 있다. 즉 루터의 소환 소식을 들은 브라운슈바이크의 영주가 루터에게 보크비어 한 통을 위로와 격려차 보냈다고도 한다.

황제는 의회장에서 루터에게 물었다.

"너의 입장을 끝까지 고집할 것이냐?"

루터는 담대하게 대답했다.

"성경이나 명백한 논리가 내 잘못을 입증하지 않는 한, 나는 내 양심을 거스르지 않을 것입니다. 나의 양심은 하나님의 말씀 안에 머물러 있기 때문입니다."

루터와 맥주와 관련된 또다른 에피소드가 있다. 루터가 보름스 회의에 소환되어 그곳으로 가는 도중 오펜하임의 쭈어 칸네(Zur Kanne)라는 주점에서 라인 맥주를 마시면서 〈내 주는 강한 성이요〉라는 찬송을 지었다고 전해진다.[301]

또한 초대 교부들처럼 종교개혁자들도 교회에서 술을 제거하려는 시도에 직면하였다는 것이다. 그러자 루터는 다음과 같이 응수하였다고 한다.

악용되는 대상을 없애버리면 악습이 사라질 것으로 상상하지 마십시오. 남자들이 술과 여자를 잘못 사용할 수 있습니다. 그렇다고 술을 금지하고 여자를 없애야겠습니까? 해와 달 그리고 별들이 지금까지 예배의 대상이 되고 있습니다. 그렇다고 그것들을 하늘에서 뽑아버리겠습니까? 그러한 성급함과 횡포는 하나님에 대한 신뢰가 없다는 증거일뿐이죠…[302]

300 롤란드 베인튼, 《마르틴 루터의 생애》 (이종태 역: 서울: 생명의 말씀사, 2002), 283.
301 Krenglinger, The Spirituality of Wine, 54.
302 베인튼, 《마르틴 루터》, 283.

포도주와 여인이 슬픔과 상심을 초래하고, 많은 사람을 바보로 만들고 광기를 낳는다고 해서, 우리가 포도주를 쏟아버리고 모든 여인을 죽여야 합니까? 그렇지 않습니다. 금과 은, 돈과 재산이 사람들 가운데 더 많은 죄를 초래합니다. 그렇다면, 우리는 전부를 내다 버려야 할까요? 우리가 우리의 가장 가까운 원수, 즉 우리에게 가장 해로운 자를 제거하기를 원한다면, 우리는 자살해야 할 것입니다. 우리에게 우리의 마음만큼 더 해로운 원수는 없으니까요.[303]

마르틴 루터와 맥주에 대한 이야기를 하려면, 반드시 그의 아내를 언급해야 한다. 종교개혁자 마르틴 루터의 아내 카테리나(1499~1552년)는 독일 색소니의 히르쉬펠트(Hirshfeld)에서 태어났다.[304] 카테리나는 1509년 님프쉔(Nimbschen)에 있는 시토 수도회 소속 고테스 운트 마리엔트론(Gottes und Marienthron, 하나님과 성 마리아의 보좌) 수녀원에 들어갔고 1515년 10월 8일에 수녀로 종신서약을 했다.

다른 수도원과 마찬가지로 이 수녀원에도 포도주와 맥주를 만드는 곳이 따로 있었다.[305] 수녀원에서 수녀들에게 매일 빵과 포도주와 맥주와 물이 식사로 제공되었다.[306] 그러나 1517년에 시작된 루터의 종교개혁의 여파로 그녀는 루터의 친구이자 그 수도원의 물품을 배달하던 레온하르트 코페의 도움을 받아 1523년 11명의 다른 수녀들과 함께 수녀원을 몰래 탈출하여 토르가우(Torgau)를 거쳐 종교개혁의 메카 비텐베르크로 왔다.[307]

1525년 6월 13일 화요일 저녁 5시[직]후에 루터는 전직 수녀 카타리나 폰 보라와 비밀리에 결혼하였다. 결혼식의 주례는 비텐베르크 교구목사

---

303 Krenglinger, *The Spirituality of Wine*, 54.
304 출생자와 출신에 대한 논의가 다양했으나, 필자는 다음의 논의를 따랐다. 보라, Rudolf K. Markwald and Marilynn Morris Markwald, *Katharina von Bora: a Reformational Life* (St. Louis: Concordia Publishing House, 2002), 13ff.
305 Markwald, *Katharina von Bora*, 29.
306 Markwald, *Katharina von Bora*, 30.
307 그녀들의 탈출기는 Markwald, *Katharina von Bora*, 41ff.를 보라.

요하네스 부겐하겐(Johannes Bugenhagen, 1485~1558)이었다. 결혼 식은 루터가 살던 구역인, 아우구스티누스 수도회의 검은 수도원(Black Cloister)에서 거행되었고 증인들로는 크라나하 가족들, 교수 요나드, 시 장 아펠이 참석하였다.[308] 루터 부부는 검은 수도원의 건물이었던 곳을 거 처로 삼았다. 이들은 2층에 살았으며, 이 건물은 나중에 '루터하우스'로 불 렸다. 물론 이 수도원에는 (다른 수도원과 마찬가지로) 양조장이 딸려있 었다.

결혼 1주년에 선제후가 맥주 제조권을 루터에게 선물로 주었고, 카트리 나는 자기 집에서 맥주를 양조할 수 있는 권한을 법적으로 보장받았다. 그 녀는 그것을 이용하였으며 선제후로부터 맥아(麥芽)도 선물로 받았다.[309] 그로부터 카타리나는 거의 빈털터리였던 남편과, 확대일로에 있었던 그의 분주한 사역을 온전히 부양하려고 다양한 사업을 수행해야 했다. (재정 문 제의 원인은 하숙비를 내지 않는 장기 투숙자들이나 등록금을 내지 않는 학생들에게도 있었다.)

카타리나는 루터와 자녀 6명을 두었다. 키타리나는 가족과 방문자들을 먹여 살리기 위해 '정원사, 낚시꾼, 맥주 양조업자, 과수원 주인, 가축 사 육자, 조리사, 양봉가, 식량 담당자, 간호사, 포도주제 조업자' 역할을 수행 하였다.[310] 그들이 살았던 비텐베르크 지역은 포도주 산지가 아니어서 다른 곳에서 수입해 마셔야 했지만, 맥주는 루터의 아내가 직접 빚었으며, 그것 은 루터의 입맛을 사로잡았다. 심지어 그들이 헤어져 있을 때, 루터가 아 내에게 보낸 연애 편지에는 아내가 만든 맥주를 마실 수 없는 것 때문에 탄식하는 내용을 담고 있을 정도였다.

308 W. 뢰베니히/박호용 역, 《마르틴 루터: 그 인간과 그의 업적》(서울: 성지출판사, 2002), 375.
309 파울 슈레켄바흐/프란츠 노이베르트, 《마르틴 루터》 (남정우 역; 서울: 예영커뮤니케이션, 2003), 127.
310 Markwald, *Katharina von Bora* 82.

루터는 비텐베르크 시의회로부터 결혼식 피로연 선물로, 심지어는 여러 곳에서 행한 설교의 대가로 포도주를 받기도 하였다.[311]

루터는 매일 저녁 맥주…를 마셨지만 한 컵 정도였다…. 루터는 포도주에 대해서도 전혀 거부 반응을 보이지 않았으며, 선제후나 루터를 존경하는 사람들이 포도주를 선물로 보냈을 때에도 루터에게는 기쁨이 되었다.[312]

루터는 자주 '술꾼마귀(Saufteufel)'에 대해서 호통을 쳤고, 독일식으로 마시기를 즐겨하던 시대에 살았지만, 폭음, 폭식을 하지 않으려고, 더 이상 많이 먹지 않기 위하여 절제했다. 그러나 루터는 독일 사람들에게 완전한 금식을 권하지 않았고 항상 적당한 절제를 권고했다.[313]

2) 장 칼뱅(Jean Calvin, 1509~1564)

음주에 대하여, 루터보다 더 엄격한 제재의 필요성을 주장하는 초기 종교개혁자들도 있었다. 장 칼뱅은 1509년 7월 10일에 프랑스 피카르디(Picardy) 누와용(Noyon)에서 태어났다. 부모는 제라르 코뱅(Gérard Cauvin)과 잔느 르 프랭(Jeanne le Franc)이다. 법학을 공부한 후 가톨릭 사제가 되었던 루터와는 달리 칼뱅은 원래 가톨릭 사제가 될 뻔 했으나, 나중에 법학을 공부하게 되었다. 그는 프랑스 출신 신학자로 프랑스를 떠나 도피하던 중에 1536년 바젤에 머물면서 '기독교 강요' 초판을 출간하였다.

칼뱅은 나중에 제네바에 잠시 머물게 되었다. 이때 그의 친구 윌리엄 파렐의 강권으로 아예 제네바에 눌러 지내면서 종교개혁자의 사역을 감당

311 Krenglinger, *Katharina von Bora*, 53.
312 파울 슈레켄바흐/프란츠 노이베르트, 《마르틴 루터》, 135.
313 파울 슈레켄바흐/프란츠 노이베르트, 《마르틴 루터》, 136.

하게 되었다. 칼뱅은 제네바 의회와의 마찰로 프랑스 스트라스부르에서 1538~1541년까지 사역을 하다가 다시 제네바로 돌아갔다. 그곳에서 비록 여러 가지 역경과 시련이 있었음에도 불구하고, 개신교 목사로서 죽을 때까지 제네바를 종교개혁의 도시로 변화시키려고 노력하였다.[314]

칼뱅도 루터와 별다른 이견은 없었다. 칼뱅은 술에 취하지 않기 위해서 포도주를 마시는 것을 금지하는 것에 동의하지 않았다. 오히려 칼뱅은 그와 같은 금지가 포도주의 오용으로부터 우리를 구해내는 것이 아니라, 하나님에 대한 진정한 감사로부터 분리시킬 것이라고 보았다.[315] 물론 칼뱅은 술취함을 '하나님의 고상하고 가장 고귀한 선물'의 '수치스러운 오용'이라고 규정한다.[316] 칼뱅은 과음을 경고하였으나, 하나님께 감사하며 술을 절제하면서 즐겁게 마시는 경우에는 허용하였다. 칼뱅은 시편 104:15를 주석하면서 사람들이 자신을 망각하고 이성과 감각을 잃고 자신들의 힘을 소멸시키지 않는 한 음주는 가능하다고 말했다.[317]

칼뱅은 자신의 역작 〈기독교 강요〉에서 "그리고 우리에게 웃거나 가득 채워지거나 음악의 화음을 기뻐하거나 포도주를 마시는 것이 금지된 적이 전혀 없었다"라고 말했다.[318] 칼뱅의 연봉에는 자신과 손님들을 위한 250 갤런(945리터)의 포도주가 포함되어 있었다.[319] 또한 칼뱅은 루터와 존 녹스와 울리히 쯔빙글리와 같은 다른 종교개혁자들과 마찬가지로 성찬에서 포도주 사용을 인정했다.[320]

---

314 보라, 프랑수아 방델, 《칼빈: 그의 신학사상의 근원과 발전》 (김재성 역; 고양시: 크리스챤다이제스트사, 1999).
315 Krenglinger, *The Spirituality of Wine*, 56.
316 William J. Bouwsma, *John Calvin: A Sixteenth-Century Portrait (New York*: Oxford University Press, 1988), 52.
317 Bouwsma, John Calvin, 136; 존 칼빈, 《구약성서주석 10: 시편 IV》 (번역위원회 역; 서울: 성서교재간행사, 1995), 263.
318 Krenglinger, *The Spirituality of Wine*, 55.
319 위의 수치는 John T. McNeill, *The History and Character of Calvinism* (Oxford: Oxford University Press, 1954), 160에서 나온 것이다. 필립스(《알코올》, 148)는 칼뱅이 봉급의 일부로 1년에 7배럴씩 받았다고 주장한다.
320 Krenglinger, *The Spirituality of Wine*, 57.

<u>(1) 새로운 대안</u>

칼뱅은 제네바의회로 하여금 주취(酒醉) 방지법을 제정하려고 노력하였다. 이것을 일종의 '술집의 성화'(the sanctification of the tavern)라고 부를 수 있다.[321] 그는 당시 술집(tavern)을 폐쇄하고 5개의 아바예(abbayes)를 개설하였다.[322] 이곳은 점잖은 사람들이 모이는 장소이자 종교적인 공회당(religious public house)으로 운영되었다. 이곳은 영리 목적이 아니었다. 누구든지 식사를 하고 술을 마시기 전, 후에 기도만 하면 되었다. 가게 안에는 프랑스어 성경이 놓여 있어야 했다. 욕설과 험담과 춤은 금지되었다. 시편 찬송은 불러도 되었으며 이에 감동을 받은 사람은 누구든지 그곳 참석자들의 덕을 세우기 위하여 그들에게 유익한 말을 할 수도 있었다.[323] 물론 이 기독교 펍(christian pub)은 오래 가지 못했지만, 17세기 영국의 청교도 지역의 유사한 '교제의 성화'(sanctification of fellowship) 운동에 영향을 주었다.[324]

<u>(2) 법적으로 제재할 수 있는 규정</u>

칼뱅은 1547년 태번에서 각자 술을 마실 수는 있었으나 다른 이에게 술을 권하는 것을 금지시켰다. 이것을 어기거나 만취하면 벌금을 내게 했으며(3 Sou[325]), 반복될 경우에는 더 높은 액수의 벌금(3, 5, 10 Sou)을 내도록 했다.[326] 이처럼 강제적인 방법을 동원해서라도 금주보다는 절주 시키는 쪽으로 나아갔다.[327]

---

321 T. H. L 파커, 《존 칼빈의 생애와 업적》 (김지찬 역; 서울: 생명의 말씀사, 1993), 202.
322 아베예는 프랑스말로 청년회(sociétés joyeuses)같은 의미였다.
323 파커, 《존 칼빈》, 203.
324 파커, 《존 칼빈》, 203.
325 영국식으로 말하자면, 실링이다.
326 필립스, 《알코올》 147.
327 필립스, 《알코올》 146.

3) 술을 금지하려는 극단적인 입장

위와 같은 루터와 칼뱅과 같은 관용적이고 제한적인 태도도 있었지만, 엄격한 금주론자가 없었던 건 아니다. 개신교도로서 엄격한 금주의 옹호자는 독일개혁자 제바스찬 프랑크(Sebastian Franck, 1499~1543년)였다.[328] 그는 술이 모든 악한 영향의 원인이며 인간이 술에 연약한 존재이기에 음주자를 신앙 공동체에서 추방해야 한다고 주장했다. 또한 마르틴 부처는 공공 음주 장소의 존재 자체를 반대했다.[329] 마르틴 부처의 태도와 입장은 나중에 일부 영국 청교도들에게도 영향을 주어 과음은 악이고 태번(Tavern)을 '죄와 부도덕, 신성모독'이 벌어지는 악의 온상이라고 여기게 만들었다.

위그노의 활약

프랑스의 가톨릭 군주들의 핍박을 받던 위그노는 1688~89년 사이에 프랑스를 떠나 남아프리카에 150여명이 이주하였고, 스텔렌보쉬에 처음 정착하였다. 당시 네덜란드의 케이프 주지사 시몬 반 데르 스텔은 위그노들을 프란스후크(예전에는 오일판스후크)에 정착시켰다. 위그노는 그곳에서 포도밭을 일구어 포도주를 담갔고, 프란스후크는 훌륭한 와인 산지로 탈바꿈하였다.[330]

328 https://en.wikipedia.org/wiki/Sebastian_Franck
329 필립스, 《알코올》 147.
330 최훈, 《역사와 와인》, 73-74.

성만찬 논쟁 : 이것은 나의 몸

위에서 간단하게 논의하였듯이, 루터가 시작한 유럽 종교개혁의 특징 가운데 하나는 성찬 참여자에게 주지 않았던 포도주를 돌려준 것이었다.[331] 그러나 성찬의 두 구성 요소인 빵과 포도주의 성격에 대해서는 루터를 포함한 다른 종교개혁자들 사이에 큰 갈등과 이견을 초래하고 말았다. 요약컨대, 성만찬과 관련하여 가톨릭 교회는 화체설(化體說), 루터는 공재설(共在說), 칼뱅은 영적 임재설, 쯔빙글리는 기념설을 주장하였다. 중요한 차이점은 가톨릭과 루터와 같이 그리스도의 임재를 통하여 성만찬의 빵과 포도주에 물질적 변화가 있느냐 없느냐, 칼빈, 루터, 쯔빙글리와 같이 성만찬에 그리스도의 영적인 임재가 있느냐 없느냐에 따른 것이다. 아래 본문들에서 명확하게 나타나듯이, '이것은 내 몸이다'(this is my body), '이것은 내 피다'(this is my blood)라는 표현 속에서 '이다'라는 표현이 변화하다(become) 혹은 임재하다(is with/as)를 의미하는지, 그것이 상징하다(signify)를 의미하는지에 대한 이견으로 대표되는 견해 차이인 것이다.

구절	내용
마 26:26~28	예수께서 떡을 가지사 축복하시고 떼어 제자들에게 주시며 이르시되 "받아서 먹으라 이것은 내 몸이라" 하시고 또 잔을 가지사 감사하시고 그들에게 주시며 이르시되 "너희가 다 이것을 마시라 이것은 죄사함을 얻게 하려고 많은 사람을 위하여 흘리는 바 나의 피 곧 언약의 피니라"
고전11:23~26	떡을 가지사 축사하시고 떼어 이르시되 "이것은 너희를 위하는 내 몸이니 이것을 행하여 나를 기념하라" 하시고 … "이 잔은 내 피로 세운 새 언약이니 이것을 행하여 마실 때마다 나를 기념하라" 하셨으니 너희가 이 떡을 먹으며 이 잔을 마실 때마다 주의 죽으심을 그가 오실 때까지 전하는 것이니라'

331 동방 정교회에서는 축성포도주를 신실한 자들에게 나눠주지만, 그리스도의 피가 사고로 흘러질 것을 우려하여 성찬용 숟가락(sacramental spoon)을 사용하여 그들에게 먹여주는 형식을 취한다(참조, https://en.wikipedia.org/wiki/Sacramental_wine). 대부분의 개신교의 경우에는 개인용 작은 컵에 포도주(즙)를 담아 배분하는 형식을 취한다.

로마 가톨릭의 성찬관(중세편의 성찬 논쟁을 보라), 즉 화체설(transub-stantiation)의 주장은 다음과 같다. 그들은 미사[332]를 그리스도의 수난과 현존의 의식으로 이해한다. 그들은 미사 가운데 성찬을 베풀기에 앞서 사제가 빵과 포도주를 제대(祭臺)에서 축성기도를 통하여 봉헌함으로서 그 빵과 포도주가 그 외양은 여전하지만, 그 실체가 그리스도의 실체로 변화한다고 주장한다(실제 임재설[real presence]). 미사 가운데 (거룩하신 아버지, 아버지께서 모든 거룩함의 샘이시옵니다. 간구하오니, 성령의 힘으로 이 예물을 거룩하게 하시어, 우리 주 예수 그리스도의 몸과 피가 되게 하소서.)라는 성령 청원 기도/축성 기원(Epiclesis Consecrationis)을 드릴 때 그와 같은 변화가 일어난다고 믿는다.[333] 우리가 참여하는 성찬은 그리스도와 밀접한 관련이 있을 뿐만 아니라, 그와 같이 변화한다고 주장한다.

루터는 1524년에 성찬에 대한 그리스도의 육체적인 임재를 반대하는 카를슈타트의 입장에 대하여 1524/5년에 그리스도의 육체적, 실질적인 임재를 주장하면서 자신의 성찬론을 구체화하기 시작하였다. 루터가 주장하는 공재설(consubstantiation)은 다음과 같다. 그리스도의 참 몸과 피는 성찬의 포도주와 빵 안에(in), 함께(with), 아래(under)에 있다는 것이다. 우리가 참여하는 성찬은 그리스도와 밀접한 관련이 있지만, 양자는 병존할 뿐, 합체되거나 변화되는 것은 아니다. 쯔빙글리는 "육은 무익하다", "부활하신 그리스도는 하나님의 우편에 앉아계신다"라는 말씀에 근거하여 그리스도의 육신적 편재성을 반대하며 성찬의 상징주의, 혹은 기념설(symbolic reprentation)을 주장한다. 우리가 참여하는 성찬은 거룩한

---

332 미사(mitto)라는 말은 공예배가 끝난 후에 사제가 회중들에게 "ite, missa est"(미사가 끝났으니, 가서 복음을 전합시다)라는 말에서 유래되었다고 한다.
333 https://namu.wiki/w/%EB%8%AF%B8%EC%82%AC

것의 표지 혹은 언약의 상징일뿐이지, 그리스도의 몸의 임재를 통한 실제 변화나 공재나 영의 임재와는 무관하다고 보는 것이다. 칼빈은 영적 임재설(real spiritual presence)을 주장한다. 우리가 참여하는 성찬은 물질적 변화를 일으키는 것은 아니며, 성찬 시에 신자들에게 그리스도의 영적인 임재를 통한 그리스도와의 신비한 연합이 발생한다고 보는 것이다. 그러나 16세기 칼뱅파를 자칭하는 영국 장로교도들은 쯔빙글리의 기념설을 수용하였다.

이처럼 분열된 종교개혁자들의 의견 조율을 위한 초기 시도도 있었다. 1527, 28년 사이에 개신교 지도자들 사이에 성찬론과 관련된 갈등이 고조되자, 가장 이르게는 1529년 10월에 독일 헤센의 필립 공의 주도로 루터파(비텐베르크를 중심으로 한 북부 독일 개신교)와 쯔빙글리파(쮜리히를 중심으로 한 남부 독일 개신교)의 여러 종교개혁자들이 모여 성만찬에 대한 합의를 도출하려고 마르부르크(Marburg) 성에서 2박 3일간 마라톤 회의를 하였다. 쯔빙글리가 다음과 같은 개회 기도를 드렸다고 한다.

저희 모든 이들의 주님이시요 아버지이시여, 저희가 간구하오니 저희를 당신의 온유한 성령으로 충만케 하시고 양 진영에서 모든 오해와 시기의 구름이 걷히게 하옵소서. 맹목적인 불화와 투쟁이 끝나게 하옵소서. 의의 태양이신 그리스도시여, 일어나시어 저희에게 비추시옵소서. 슬프게도 저희는 서로 다툴 때 주님께서 저희 모두에게 요구하시는 바 거룩함을 얻기 위한 노력을 너무나 자주 잊어버리나이다. 저희에게 권력이 있다고 함부로 휘두르지 못하도록 지켜 주시고 거룩함을 증진하기 위하여 최선을 다해 그 권력을 사용할 수 있게 해 주옵소서.[334]

그러나, 결국 성만찬과 관련된 15개 조항 중 두 개혁자들은 평신도들에

334 http://www.deulsoritimes.co.kr/news/articleView.html?idxno=30881

게도 포도주를 나눈다는 점과 가톨릭의 화체설에 반대한다는 점에서 첫 14개 조항에만 합의를 하고 마지막까지 '그리스도의 몸과 피가 떡과 포도주 안에 유형적으로 존재하는가?'[335]라는 마지막 조항에 이견을 좁히지 못하고 헤어지고 말았다.

열다섯 번째, 우리는 모두 우리 주 예수 그리스도의 성찬에 대하여 그리스도께서 제정하신 대로 떡과 포도주를 모두 사용해야 한다고 믿는다. 또한 미사는 살아 있거나 혹은 죽은 자가 은총을 얻는 수단이 아니라고 믿는다. 우리는 또한 제단의 성례전은 예수 그리스도의 참된 몸과 피의 성례전이요, 바로 이 몸과 피에 영적으로 참여하는 것이 모든 그리스도인에게 반드시 필요하다고 믿는다. 말씀처럼 성례전의 사용도 하나님이 주시고 제정하신 것이며, 이것을 행함으로 연약한 양심이 성령을 통해 믿도록 움직이게 되는 것이다. 비록 우리가 이번에 그리스도의 참된 몸과 피가 육적으로 빵과 포도주 속에 임재하는지에 관해 합의를 보지 못했지만, 그러나 각기 양심이 허락하는 한도 내에서 상대방에게 그리스도인의 사랑을 보여주어야 하며, 또 하나님이 성령을 통해 우리들로 하여금 바른 이해를 확고하게 갖도록 양쪽이 모두 열심히 전능하신 하나님께 기도해야 한다는데 합의를 보았다. 아멘.[336]

이후에 마르틴 부처(Martin Bucer 1491~1551)가 1536년에 루터와 남부 독일 측의 타협안을 도출하도록 수고하였으나(비텐베르크 일치서), 쯔빙글리파와는 화해하지 못하고 결국 스위스측이 하인리히 불링거를 중심으로 1536년 스위스 고백서(Confessio Helvetica)를 발표하게 되었다. 이로서 유럽 기독교계의 일상에서 사용되는 포도주에 대한 입장은 신구교 모두 일치하였으나, 교회 안에서 사용되는 성찬에서 다양한 이견들

335 요한네스 빌만, 《종교개혁 이후의 독일교회사》, (오영옥 역; 서울: 대한기독교서회, 2006), 109.
336 칼 하인즈 추어-뮐렌, 《종교개혁과 반종교개혁》, (정병식, 홍지훈 역; 서울: 대한기독교서회, 2003), 173.

이 도출되고 합의되지 못했다는 점은 기독교 역사에 있어서 지극히 영적인 문제 혹은 물질과 영적인 부분 사이의 관계에 대한 견해(혹은 전제)차이가 낳은 결과라고 볼 수 있다.

루터의 성찬 찬가[337]

그리스도

그는 우리의 영혼을 위험에서 해방시키고

하나님의 노여움을 제거하셨다.

혀로는 말할 수 없는 고통을 받으셨으니

우리를 지옥의 고통에서 구속하기 위해서.

우리가 결코 그것을 잊지 않도록 그가 말씀하신다.

내 몸을 취하라, 그것을 먹으라,

이 떡 조각 속에 숨겨져 있는

이 포도주 속에 있는 나의 피를 마시라.

이 식탁에게로 임하는 자는 누구나

그가 어떻게 준비해야 할지를 주의하라.

합당치 않게 먹는 자

337 〈루터의 찬가〉, p. 103 (인용. 휴 T. 커어 [편제], 〈루터 신학개요〉, [김영한 편역: 서울: 대한예수교장로회출판국, 1991], pp. 239–40).

생명 대신 죽음이 있을 것이니

그대는 스스로 구원을 얻을 수 있는가?
나의 죽음과 고통이 없었다면:
그대는 스스로를 돕고자 하는가?
이 식탁은 그대와 상관이 없으리라.

만약 그대가 이것을 참으로 믿으면,
그리고 진정으로 고백한다면
그대 여기서 환영받은 손님이 되며
이 풍성한 연회가 그대 영혼을 풍요롭게 하리라.

그대의 수고가 감미롭고
그대는 그대의 이웃을 참으로 사랑하게 되리라.
그리하여 그는 맛보고 부게 되리라.
너희 구세주가 너희 속에서 행하신 바를.

루터의 권주가

Whoever drinks beer, he is quick to sleep; whoever sleeps long, does not sin; whoever does not sin, enters Heaven! Thus, let us drink beer!

맥주를 마시는 자마다, 쉽게 잠에 들리라.

오래 잠을 자는 자마다, 죄를 짓지 않으리라.

죄를 짓지 않는 자마다 천국에 들어가리라.

고로, 맥주를 드시라.

(마르틴 루터, 출처 미상)

청교도와 술 : 청교도는 술을 금지했는가

청교도에 대한 논의는 본서에서 큰 비중은 없으나, 술과 관련한 청교도에 대한 오해를 불식시키고 마지막 장의 한국 교회의 금주령을 논의하기 위하여 미리 언급해야 할 필요가 있어서 본 장에서 별도로 다루도록 하겠다. 우선 청교도의 역사를 개괄하고 그후에 그들의 음주관에 대해 살펴보려고 한다.

청교도의 역사 : 그들은 누구였는가[338]

청교도는 멀리는 독일의 마르틴 루터와 제네바의 장 칼뱅, 가깝게는 헨리 8세의 종교개혁의 영향을 받아 만들어진 영국 성공회를 더욱 성경적으로 개혁하고자 등장한 기독교의 한 운동이다.[339] 1527년 헨리 8세는 자신

---

338 http://www.christianitytoday.com/ch/asktheexpert/jul12.html
339 리랜드 라이큰, 〈청교도-이 세상속의 성자들〉 (김성웅 역; 서울: 생명의 말씀사, 2000), 38.

의 이혼 문제로 로마 가톨릭과 갈등을 빚었고 1534년 왕위 지상령을 선포하고 교황의 지배권에서 벗어나서 영국 국교회 체계를 이루었다. 1559년 영국 교회는 로마 가톨릭과 완전 분리되었으나, 엘리자베스 1세가 '중도'(Via Media)[340]라는 종교 정책을 취함으로써 성공회는 완벽한 개신교로 여겨지지 못했다. 그러한 상황 속에서 성공회를 지지하지 않으며 대륙의 칼뱅의 종교개혁 노선을 더 선호하는 청교도들은 영국성공회의 교회 체계에 불만족하고 국교회가 완벽하게 정화되지 못했다고 보았으며, 로마 가톨릭교회의 영향력에서 완전히 벗어나야 한다고 주장했다. 물론 이들은 현대적인 의미의 기독교의 교파는 아니다. 일반적으로는 프랑스의 위그노, 네덜란드의 개혁교회, 영국의 청교도, 스코틀랜드의 장로교라는 다양한 인종적 국가적 이름을 갖고 있는 것으로 여겨졌으나 영국 청교도의 경우에 세부적인 분파가 다양하다는 점에서 정확한 분류는 아니다.

청교도의 기원과 미국 이주

영국의 청교도 시대는 16~18세기 중반까지(엘리자베스 1세~찰스 1세 이후) 가톨릭와 성공회, 왕정과 공화정 사이에서 벌어진 기독교갈등이 빚어낸 영국 정치종교사의 격변기를 마주한다.[341] 우리에게 익숙한 두 가지 사건을 꼽자면, 찰스 1세때 웨스트민스터 신앙고백의 작성(1546)과 크롬웰(1599~1658)의 청교도 혁명이 있었다.

미국의 청교도(뉴잉글랜드 청교도[New England Puritans]라고도 불

---

340 이 입장은 교황 지지 가톨릭교도들(papalist Catholics)과 급진적 개혁가들(radical Reformers) 사이의 중도노선을 취하는 것으로, 초기 개혁가들의 경우에 마르틴 부처(Martin Bucer)와 하인리히 불링거(Heinrich Bullinger), 영국에는 토마스 크랜머(Thomas Cranmer)같은 사람들이 있다.

341 https://en.wikipedia.org/wiki/History_of_the_Puritans_under_Elizabeth_I https://en.wikipedia.org/wiki/History_of_the_Puritans_under_James_I https://en.wikipedia.org/wiki/History_of_the_Puritans_under_Charles_I

린다)시대는 1608년 청교도가 영국을 떠나 네덜란드 암스텔담에 망명한 후부터 다시 미국으로 이주하였다가 미국의 식민지로서의 법적 지위를 잃어버리는(즉 미국 식민지에 주어졌던 자치권을 잃고 국왕의 직속 식민지가 되는) 1691년까지를 지칭한다.[342]

(분리주의적) 청교도들은 영국 국교회의 온전한 개혁이 어려워지자, 영국에서 종교적 박해를 피해 먼저 네덜란드(암스텔담→라이덴)로 이주하였고, 대다수 농민이었던 그들은 네덜란드의 상업적 배경과 냉대라는 어려움에 봉착했다. 그리고 그때 교회가 아르미니우스 논쟁에 휘말리게 되었다. 또한 청교도들에게 신앙적 회의도 발생하여, 이들이 더 안전하게 정착할 수 있는 곳을 유럽 이외의 지역에서 물색하게 되었다. 드디어 그들은 영국 식민지였던 아메리카 대륙의 버지니아로 가기로 결정하고 스피드웰 호와 메이플라워 호를 구입하였다.

네덜란드에 거하던 영국청교도들은 계속 여정이 지연되던 끝에 1620년 7월 네덜란드 델프스하븐 항구에서 스피드웰 호를 타고 영국으로 되돌아왔다. 메이플라워 호는 영국 사우스햄턴에서 중간 기착하였다가 플리머스(Plymouth)로 이동한다. 먼저 신대륙으로 출발하였던 스피드웰 호는 두 차례 문제가 생겨 플리머스로 귀항하였고 일부 포기한 사람들을 제외한 모든 필그림들(Pilgrims)은 그곳에 기착하고 있던 메이플라워(May-flower) 호를 타게 되었다.[343] 이들은 1620년 9월 6일에 그들은 플리머스에서 신대륙으로 출발하였다.

이 배에는 상당량의 맥주와 브랜디를 실었으며 그후에 계속적으로 미국으로 향하는 청교도들의 배에도 맥주와 브랜디가 실려있었고 식민지에서

342 보라, 정만득, 〈미국의 청교도 사회〉, 8-9.
343 https://en.wikipedia.org/wiki/Pilgrim_Fathers

맥주 양조를 위한 필수품들인 '보리, 홉뿌리, 구리 주전자'를 가져가야 했다.[344] 이 메이플라워 호의 구성원들은 102명의 성도들(분리주의파 청교도), 이방인들(식민지 건설 노동자), 배선원(庸人)들이었다.

그들은 최종 목적지였던 버지니아에 도착하지 못한 채, 세 부류의 사람들 사이의 갈등으로 인하여 일촉즉발의 위기에 봉착하기도 했다. 그러나 결국 그들은 메이플라워 협약을 맺었고 청교도 지도자 카버가 그곳의 정착지 지사로 선출되면서 이 모임은 잘 마무리되었다. 그후 주위에 살던 토착 부족과도 호의적 협약을 맺은 그들은 혹독한 추위와 여름을 보내고 첫 추수를 하게 된다. 청교도들은 자신들이 도착한 곳 주위에 포도나무가 많다는 것에 감동하였지만, 그것이 와인을 만들 수 없는 포도라는데 실망하였다.[345] 그들이 플리머스에서 포도주 없이 한동안 지낼 수 있었던 것은 그곳의 물이 상당히 깨끗한 식수 역할을 했기 때문이었다.[346]

플리머스만의 식민지에 정착한 필그림들은 칼뱅주의와 청교도 분리주의자들이었으며 매사추세츠만 식민지에 정착한 필그림들은 영국 성공회에 남아 내부에서 개혁하려는 사람들이었다. 영국에서 미국으로 이주하였으나, 여전히 그 뿌리를 영국에 두고 있었던 청교도들은 영국과 미국에 중요한 영향력을 발휘하였다.

처음 신대륙에 정착한 청교도들의 교회 정치 형태는 장로제도 보다는 교인이 목회자를 직접 선출하는 회중교회(congregational church)였다. 그 즈음 영국 정치에서는 청교도의 득세가 끝나고 다시 국교도들로부터 정치적, 종교적 탄압을 받는 지경에 이르게 되었다. 그러자 더 많은 사람들이 북미대륙의 뉴잉글랜드로 신앙의 자유를 찾아 이주하였다.

---

344 필립스, 《알코올》 229.
345 필립스, 《알코올》 228.
346 필립스, 《알코올》 228.

이들은 칼뱅의 영향으로 인간의 타락과 하나님의 은혜에 대한 신학 사상에 깊이 몰두하였다. 이들의 특징은 소수의 성직자들과 대다수의 평신도들로 이루어진 집단이었다는 것이다. 신학적으로는 칼뱅주의를 지지하였으나, 교회 조직에 있어서는 영국국교회 전통을 따르지 않고 회중주의를 채택해 상호 계약과 존중을 우선하는 교회 정치를 채택하였다. 그 특성상 행정과 교회 조직이 중복될 수밖에 없었는데, 점차로 분리되기 시작하여 결국 완전 분리되는 상황에 이르게 되었다.

미국 청교도들과 음주 문화

청교도들은 도박, 게임, 춤 등을 반대하였고 주일에 오락과 놀이를 금지한 것으로 유명하지만, 그렇다고 해서 금주를 주장했던 것은 사실이 아니다. 오히려 그들의 음주 습관은 "술은 마시되 과음하지 않는다"라는 것이었다(그것은 당연히 '취할 때까지 마신다'는 아니었다).[347] 그들은 신성모독과 부도덕, 폭력을 초래하는 주취를 반대하였다.[348]

청교도들은 포도주가 아니라, 맥주를 즐겼다. 또한 그들은 럼주를 신이 창조한 훌륭한 선물이라고 불렀다.[349] 이들은 자신들의 자치 정부를 통하여 생산자와 제공자들에게 엄격한 규칙을 부여하였다.[350] 신대륙으로 이주해 온 유럽인들에게 음주는 일상적인 문화였다. 술은 사람을 기쁘게 할 뿐만 아니라, 사교를 가능하게 했기 때문이다. 그러나 북미 원주민의 음주 습관에 대한 이들의 엄격한 태도를 보면, 마치 고대 그리스/로마인들이 이방

347 정만득,《미국의 청교도 사회》, 33-34.
348 필립스,《알코올》231.
349 블루메,《맥주》, 303.
350 필립스,《알코올》232ff.

인들의 폭음과 폭력을 초래하는 음주 습관에 대한 이중적인 태도를 떠올리게 한다. 물론 이것은 인종적인 편견에서 비롯된 것이다.[351]

영국의 청교도들은 유럽의 다른 이민자들, 즉 프랑스의 위그노들과 독일의 경건주의자들과 마찬가지로 포도주는 하나님의 선물이라고 보았다. 그들은 미국의 동부 해안에 도착했을 때부터 훌륭한 포도주를 얻기 위하여 미국 토종 포도나무로 포도주를 만들었으나, 입맛에 맞지 않아 실패하였고, 결국 유럽에서 가져온 외래종으로 열심히 포도나무를 심어 포도주를 생산하였다.

이들은 노스 캐롤라이나(North Carolina), 플로리다, 펜실베니아 등 미국 동부지역에 포도나무를 심고 경작하려고 노력하였으나 토양과 기후로 인하여 거의 실패하였다. 그러나 남아메리카의 경우와 마찬가지로 미국 서부의 경우는 미국 동부의 실패와는 전혀 다른 이야기가 전개되었다. 남미에서의 포도원과 포도주 생산에 성공한 스페인이 미국 서부 지역을 지배하는 동안, 캘리포니아와 멕시코 주에서는 예수회와 프란시스코 수도사들이 포도나무를 재배하여 큰 성공을 거두었다.

캘리포니아 주의 첫 포도원과 포도주 생산 시설은 1769년에 샌 디에고 근처에서 프란시스코 선교사 후니페로 세라(Junípero Serra)가 시작하였고 차차로 캘리포니아 북부 지역으로 이동하였다. 그러나 이들의 선교사적 노력은 오래 가지 못했다. 유럽에서는 원래 포도원과 맥주제조가 기독교 혹은 수도원의 몫이었지만, 차차 세속화, 대량 생산화 하였던데 반하여, 북미주지역의 경우는 정치적인 문제로 곧 세속화되었다. 즉 뉴멕시코 지역은 곧 독립을 하여 사유화시켰으며 캘리포니아 지역도 곧 일반 포도

---

351 이에 대한 자세한 설명은 필립스, 《알코올》, 239~244를 참조하라)

주 생산지로 탈바꿈하게 된 것이다.[352]

---

352 Krenglinger, The Spirituality of Wine, 60-61.

금주의 시대(19~20세기)

금주의 근대사적 의미

모든 역사는 발전하기도 하고 퇴보하기도 하고, 연결되거나 단절되기도 한다. 전통적인 기독교의, 혹은 교제의 음료수였던 저알콜이자 영양이 가득했던 포도주와 맥주를 대체하거나 경쟁할 알코올 음료가 등장하였다. 이것은 증류주(蒸溜酒) 혹은 스피릿(Spirit)이라고 불리는 것이었다. 스피릿은 '에탄올 40도 이상의 술'을 총칭하는 말이다. 이 장에서 다루게 될 금주 운동이 사실 스피릿에 대한 제한적 전쟁에서 모든 술에 대한 전면전으로 확장되었음을 기억하는 것도 유익할 것이다. 이제부터 우리가 자주 언급하게 될 주류를 간단하게 정리했다.[353]

353 https://ko.wikipedia.org/wiki/%EB%A6%AC%ED%81%90%EC%96%B4

이름	재료
양조주	맥주, 포도주
증류주	브랜디[1], 진, 리큐어(liqueur), 럼, 보드카, 위스키 등
곡물 증류주	위스키(보리 혹은 옥수수)
기타 증류주	럼(사탕수수 혹은 당밀)

기존의 술을 증류하여 더 높은 알코올 도수를 가진 음료를 만드는 기술은 13세기에 이미 유럽에 퍼지기 시작했다. 초기에는 그 용도가 제한적이었으며 사용자도 많지 않았다. 그러나 유럽의 도시화, 산업화, 식민지의 개척 이 세 가지는 술에 대한 태도와 이해의 극적인 전환을 초래하였다.

증류주의 제조 방식을 간단하게 말하자면, 기존의 알코올 음료를 가열하여 거기에서 나오는 알코올을 계속해 몇차례 농축하는 기술인 것이다. 이제 인류는 더 강력한, 즉 더 도수가 높은 알코올 음료를 만들 수 있게 되었다. 이 방식의 기원은 4세기 초 그리스 연금술사 파노폴리스 출신의 조지모스(Zozimos)에게서 찾지만, 보통은 이탈리아 남부 살레르노의 의과대학에서 1100년에 스피릿을 최초로 만들었다고 알려져 있다.[354]

이제 우리가 주목해야 할 곳은 대중 집회 장소였던 퍼블릭 하우스(줄여서 펍[Pub])의 용도 전환이다. 지금까지 가톨릭교회의 경우, 교회 건물이 다양한 목적으로 신도들이 모이던 집회 장소[355]였으나, 종교개혁자들의 영향 하에 교회가 아닌, 세속적인 펍에서 '거룩한' 회합을 갖게 되었다. 그러한 상황 속에서 정부와 교회가 주취(酒醉)를 강력하게 제재하는 일이 정례화되었다.[356] 이처럼 음주와 관련하여 엄격한 제재 조항이 발효되기 시작한

354 필립스, 《알코올》 181.
355 당시 교회는 정기적인 미사뿐만 아니라, 다양한 용도의 축제와 그에 따른 회합과 유희의 장소로도 사용되었다고 한다(필립스, 《알코올》 174).
356 필립스, 《알코올》 177.

데에는 개신교의 엄격해진 입장도 있었지만, 또 하나는 술의 종류가 달라지는 것도 한 몫을 차지했다.

고알코올 음료의 등장

지금까지 자연발효 알코올의 시대였다면, 16세기부터는 높은 도수의 증류주 시대가 도래했다. 즉 와인을 증류해서 만든 스피릿(브랜디)에서 곡물을 증류해서 만든 위스키, 진, 보드카가 등장하였고 당밀을 증류한 럼주가 17세기에 만들어지기 시작하였다.[357]

물론 브랜디 같은 일종의 증류주는 16세기 이전까지는 수도사들이 수도원에서만 빚었으며, 일반 대중에게 보급되지 않은 채 '거의 전적으로 의학적 용도로만'[358] 사용되었다. 처음에는 이러한 스피릿 혹은 브랜디는 상당한 규제를 받았으며 제조 금지까지 논의되었다.[359] 그러나 소위 '생명의 물(Aqua Vitae)'이라고 불린 스피릿은 점차 의사들과 교회의 규제망을 벗어나기 시작했다. 개신교의 영향 하에 있던 많은 수도원이 해체되었고, 거기서 일하던 수도사들과 수녀들이 환속하여 술의 증류 사업을 계속하게 된 것이다.

맥주의 원제조업자들이 여성이었다가 결국 남성 중심의 대량 제조로 변천하였듯이, 증류주의 원제조업자들의 주류도 처음에는 여성들이 차지했다. 물론 이러한 주류업도 산업화되는 과정 속에서 남자들과 자본에 의해 대량 제조·유통되었다. 16세기부터 부유한 중산층과 상류층은 맥주와 포도주로 갈증을 해소하게 되었고, 스피릿을 마시는 것으로 맛과 취기를 충

---

357 필립스, 《알코올》 180.
358 필립스, 《알코올》 126.
359 필립스, 《알코올》 181-87.

족할 수[360] 있었다.

유럽에서 추위가 심하던 지역에서는 추위를 이겨내는 방식으로 증류주의 인기가 높았다.[361] 이와 같은 폭발적인 인기에 따라 정부와 개신교회에서도 강도 높은 규제를 시작할 수밖에 없었다.[362] 프랑스에서는 포도주를 증류해서 만든 아르마냑(Armagnac)이 개발되었다.

이와 같은 대단한 논란에도 불구하고, 17세기 초에 개발된 럼(Rum)주는 비교적 논란이 적은 주류였다. 물에 희석해서 마시던 술의 원래 알코올 농도가 더 높아진 것은 유럽인들이 유럽을 벗어나 아프리카, 아시아를 넘어서 신대륙으로 향하던 대항해시대가 시작된 후에 맥주나 포도주가 열대지방을 지나면서 쉽게 변질하였기 때문이다.[363]

이러한 문제점을 대체하려고 등장한 것이 바로 럼주다. 원래 유럽에서 인기를 얻지 못했던 럼주는 유럽을 떠나 신대륙으로 향하는 군함과 상선에서 새로운 판로를 찾았다. 럼주는 장거리 여행과 적도를 통과하면서도 (박테리아를 죽인다는 점에서) 부패하지 않는 유일한 음료로 그 기능을 수행한 덕분에 '신원들의 술'로 인식될 정도로 선원들에게 매일 정기적으로 지급되었다.[364] 술은 배의 평형수(ballast)[365]역할도 수행하였으며 선원들의 공포감을 없애주는 역할도 수행하였다.[366] 이와 같은 럼주의 인기는, 우리가 아는 영화 〈카리브만의 해적들〉의 주요 음료로 등장할 정도다.

술은 선원들만을 위해서가 아니라, 이들이 도착하는 곳의 원주민들에 대한 접대용으로도 사용되었다. 결과적으로 유럽인들은 영구 정착지를 세우

360 필립스, 〈알코올〉 166.
361 필립스, 〈알코올〉 188-89.
362 필립스, 〈알코올〉 188-191.
363 미쓰루, 〈맥주〉, 46.
364 필립스, 〈알코올〉 194-96.
365 평형수는 배의 바닥에 물을 채우거나 비움으로서 배의 균형과 복원력에 도움을 주는 역할을 수행한다.
366 필립스, 〈알코올〉 216.

면서 포도나무를 심고 브루어리(양조장)를 만들었으며 나중에는 증류주 공장도 건설했다.[367] 이로 인해 아프리카와 북미와 남미에도 포도밭과 포도주가 스피릿과 함께 전파되었다.

특히 포도밭의 전파는 주로 로마 가톨릭의 수도회들인, 예수회와 아우구스티누스회에서 맡았으며 서구 열강의 식민지들에서 포도밭은 지속적으로 확장되었으며 포도주의 생산이 기하급수적으로 늘었다.[368] 가톨릭 국가들이 남미에서 포도원의 경작과 포도주 제조를 성공하면서, 영국인들이 자신들의 식민지인 북미주에서 비슷한 시도를 하는데 영감을 주었다. 이것은 프랑스산 포도주로부터 영국을 해방시키겠다는 의도도 있다. 그러나 이러한 동부 해안 지역에서의 실패는 해방의 열의를 약화시켰다.[369]

이처럼 식민지를 중심으로 포도주가 유럽 이외의 잃어버린 영토를 회복시켜주는가 했지만, 그것은 역부족이었다. 17세기에 유럽인들에게 포도주와 맥주의 위상을 위협하는 몇 가지 중요한 수입품들이 등장했다. 첫째는 중국으로부터 수입된 차(茶)였으며 둘째는, 동아프리카로부터 유래되었고 유럽에 수입되었던 커피였다. 차는 동인도회사에 의해 1610년 최초로 유럽으로 수입되었다.[370] 아마도 1645년 베네치아의 커피하우스(Coffee House)가 최초였던 것으로 추정된다.

이후로 계속해서 유럽 여기저기에 커피하우스가 생겨나 사람들의 사랑을 받기 시작했다.[371] 물론 대중적인 인기품목으로 자리잡기까지는 오랜 시간이 필요했다.

---

367 필립스, 《알코올》 215.
368 필립스, 《알코올》 225.
369 필립스, 《알코올》 226-28.
370 퀴스터, 《곡물의 역사》, 278-79.
371 퀴스터, 《곡물의 역사》, 280.

새로운 음주 문화가 끼친 영향들

독주(즉 화주, 증류주)의 본격적인 등장은 증기 기관의 발명에서 찾을 수 있다. 이것이 음주 풍속 변화의 첫번째 이유였다. 산업화와 도시화가 진행되면서, 시간이 곧 돈이라는 인식이 확산되었다. 그 돈을 위해 도시로 모여든 사람들이 저렴하게 쉬고 스트레스를 풀 곳은 이제 술집뿐이었다. 증류주는 개인에게 주어진 짧은 휴식시간에 홀로 빨리 취하게 만드는 대중주였다.[372] 고용주는 직원과 노동자의 작업능률을 끌어올리기 위해 치밀한 계산 속으로 독주를 써먹은 것이다.[373] 17세기 이후 중독 증상을 불러일으키는 약물의 위험이 심해지고, 전 세계적으로 독주 생산의 활황으로 높은 도수를 자랑하는 사회 현상이 거세게 일어났다. 더불어 술 취한 것을 말 그대로 추한 것으로 바라보는 혐오감도 짙어졌다.[374]

음주 풍속 변화의 두 번째 이유는 가부장적 경제체계의 몰락이었다. 그러한 상황 하에서 남성들의 음주 문화에서 여러 사람들이 모여 시간을 함께 히면서 음주를 매개로 얻었던 인간관계나 대화의 풍경은 사라지고 개인이 홀로 알코올 도수가 높고 싼 술을 마심으로써 빨리 취하는 것이 목표가 되었다.[375] 당시 유리병과 코르크 병마개 기술, 그리고 냉장 시설의 발달은 맥주를 좀 더 오래 보존할 수 있는 가능성을 열어주었으나[376] 결국 맥주 자체가 스피릿에게 대중들의 인기를 내어주던 시기와 중첩된다.[377]

이와 같은 스피릿의 광적인 열기는 남자들과 그들의 성적 타락에서 그친 것이 아니라, 산모들과 아이들에게까지 악영향을 미쳤다. 18세기에

---

372 블루메, 《맥주》, 211~213.
373 블루메, 《맥주》, 214.
374 블루메, 《맥주》, 214.
375 블루메, 《맥주》, 221.
376 블루메, 《맥주》, 226.
377 블루메, 《맥주》, 223.

들어서면서 산모들의 무절제한 음주와 태아에게 미치는 영향, 그리고 유아들에게도 함부로 주어지는 도수 높은 술의 문제가 제기되었다.[378] 그러한 면에서 교회가 나서기 전에 이미 유럽의 정부들이 나서서 음주와 주취의 부작용에 대한 우려를 제기했다. 이러한 우려는 결국 계급(class)과 성(gender)의 문제로 귀착되기 십상이었다. 그러나 그 대처가 바르지 못했다. 음주의 문제나 그 공격 대상들은 하류층과 여성에게 집중되는 경향이 있기 때문이다. 이들에게 술을 빼앗거나 처벌을 강화하는 것으로 문제가 해결될 것인가? 도시 빈민 노동자들의 타락과 여성이 상품화되는 문제가 발생하는 것은 시간 문제였다. 빈민 노동자들의 음주 문제는 공적인 장소에서 끝나지 않고 집안에서도 이어졌다. 그러나 정부는 알코올의 섭취를 합법화하여 세금을 거둬들이는 일을 멈출 수는 없었다. 도시 빈민 노동자들의 저항과 그들을 처벌하려는 법집행 메카니즘의 부재 속에서 이것은 결코 성공할 수 없는 시도였기 때문이다.[379] 당시 엘리트의 주취는 사회적인 결과를 전혀 낳지 않는 개인적인 악행으로, 그러나 빈곤한 노동계급의 대량 음주는 범죄와 사회적 무질서와 연결되어 이해되는 경향이 있었다.[380]

금주 운동의 태동

높은 도수의 알콜음료의 발달과, 관련 문제점에 대한 인식 증가와 함께, 안전한 음료수와 비알콜성 음료가 보편화되기 시작한 19세기부터 금주 혹은 절주 운동이 전 세계적으로 활발하게 전개되었다. 그 이전까지는 거의 불가능했던 일이었으나, 사회에 끼치는 긍정적인 측면이나 신학적인

378 필립스, 《알코올》 203-205.
379 필립스, 《알코올》 206-211.
380 필립스, 《알코올》 259.

의미보다는 음주의 부정적인 요소들을 강조하는 시대가 온 것이다. 주류 기독교 내에서도 술에 대한 성경의 언급을 재해석하려는 움직임마저 일어났다. 19세기 성경학자들은 술을 극소량만 소비하더라도 죄악과 사회적 무질서로 이어질 것이라는 생각을 보편적으로 수용하기 시작했다.

이러한 새로운 해석은 포도즙과 포도주 이론으로 발전하게 되었다. 그전까지 기독교인들은 성경이 원래 술에 대한 이중적인 입장을 견지하였다고 생각하였다. 술은 좋은 것이나, 과음을 하면 문제가 생긴다고 보았던 것이다. 그러나 새로운 포도즙과 포도주 이론에 따르면, 술에 대한 성경의 긍정적인 언급은 발효되지 않은 와인인 포도주스(예를 들면, 예수의 가나 혼인 잔치의 기적은 물을 포도주스로 만든 것이다)로, 성경의 부정적인 언급은 발효된 와인, 즉, 포도주인 것이다.[381] 그러한 측면에서 본다면, 노아와 롯을 비윤리적인 일탈 행위를 초래하게 만든 것이 바로 포도주였다.[382] 그들의 관점에서 본다면, 포도주스는 선하지만, 포도주는 악한 것이다. 그러나 19세기 이전까지만 해도 포도즙이 발효해서 포도주가 되는 것을 인위적으로 막을 수 있는 사람은 없었다.

금주에 대한 당시의 유럽의 반응

당시 독일에서는 가장 인기가 있던 술로 맥주와 브랜디가 공존하였고, 프랑스에서는 와인에서 스피릿으로 이동하는 상황이었으며, 영국에서는 그 인기가 맥주와 스피릿 사이에서 움직이고 있었다.[383]

381 금주적 관점에서 성경에 등장하는 술에 대한 재해석은, 보라, Samuele Bacchiocchi, *Wine in the Bible: A Biblical Study on the Use of Alcoholic Beverages* (Berrien Springs: Biblical Perspectives, 2001). 이에 대한 개괄적인 비판은 http://www.tektonics.org/lp/nowine.php를 보라.
382 필립스, 《알코올》 339-40.
383 필립스, 《알코올》 279.

유럽 전반에서 19세기의 대세 알코올 음료는 스피릿이었으며, 당시는 앞서 언급한 대로 낮은 도수의 자연 알코올 음료와 높은 도수의 인공적인 알코올 음료의 양립의 시대였다. 이것은 자연적인 농장(포도주)과 산업적인 공장(스피릿)의 대결이기도 했다.[384] 이러한 양립 혹은 인기의 전환의 배경에는 유럽의 도시화, 산업화와 함께 술 제조의 공업화로 인해 술의 종류에 따른 양극단적인 태도가 있었다.

사실 심지어 와인이 대세였던 프랑스에서 힘의 균형이 깨어진 것은 뜻밖의 사건 때문이었다. 1860년대부터 미국으로부터 필록세라(Phylloxera vastatrix)라는 진딧물이 함께 수입되어 유럽에도 창궐하게 되었다. 그 결과로 프랑스 포도나무가 거의 전멸하게 되었고, 부족한 와인 물량을 해결할 목적으로 술의 소비가 스피릿으로 옮겨가는 추세를 보이게 된 것이다.[385] 미국 포도종에서 기생하던 진딧물이 수입되어 끼친 막대한 폐해를 해결하려고 시도한 모든 수고는 실패로 끝났다. 결국 프랑스는 그 진딧물에 강한 미국산 포도나무 뿌리를 수입하여 거기에 유럽산 포도나무 가지를 접붙여 문제를 해결했다. 역설적이게도 미국에서 수입된 진딧물로 인한 포도주의 문제는 미국 수입산 포도주와 포도 묘목으로 해결되었다.

안전한 식수의 공급

이제 유럽과 북미 지역에서는 공중 보건에 대한 발달과 더불어 안전한 식수의 공급이 가능해졌다. 미국의 시골과 소도시인구의 절반이 빠르게 술을 끊었다는 보고는 상대적으로 안전한 음용수를 구하기가 용이했다는

384 필립스, 〈알코올〉 281.
385 필립스, 〈알코올〉 285-291.

것을 반증한다. 게다가 비알콜성 음료(커피와 차)의 소비량도 증가하였다. 그럼에도 불구하고 여전히 술 소비량이 증가한 배후에는 19세기 미국이 독일과 아일랜드계 이민의 시대였다는 점을 고려해야 한다. 독일과 아일랜드의 이민자들의 음주 문화의 이식이라는 요인이 컸다.[386]

이러한 변화의 가장 중요한 요인은 안전한 식수의 공급이었다. 물론 술의 과도한 소비를 막으려는 주목적을 갖고 안전한 식수를 공급한 것은 아니다. 몇 가지 요인들이 제시된다. 즉 당시에 수인성 전염병의 창궐이라든지, 대중을 위한 상수와 하수 시스템의 필요성, (심리적 완화를 위한) 도시 내의 분수 건설, 그리고 (결과적으로) 술의 대안으로서의 물에 대한 인식 확산.[387] 이제야 비로소 물보다는 술이 더 나은 음료수라는 인식이 무너졌으며, 그러한 세계관의 변화에 부응할 수 있는 안전한 물이 제공될 수 있었던 것이다. 이제 술은 명실상부하게 개인, 사회 도덕에 있어서 공공의 적, 타도의 대상으로 인식되었다.[388]

19세기 말과 20세기 초의 금주 운동

16세기 개신교 초기의 절주 혹은 금주 운동에 대한 입장을 이미 살핀 바 있다. 이제 우리는 19~20세기 미국 금주령으로 그 절정에 이르는 금주 운동의 시대를 살펴보려는 것이다.

서양 기독교가 도덕 개혁의 가치를 드높이며 열정적인 운동으로 키워갔던 것은 영국의 윌리엄 윌버포스(William Wilberforce)에게서도 찾을 수 있다. 이와 같은 도덕 개혁 운동은 성수주일 운동과도 연결되었으며,

386 필립스, 《알코올》 296-97.
387 필립스, 《알코올》 301.
388 보라, 필립스, 《알코올》 306.

금주 운동과도 밀접한 연결을 갖게 되었다.[389]

물론 기독교 절주 운동의 직접적인 종교적 요인은 여러 차례 진행되었던 기독교 대각성 운동(the Great Awakening)에 있었다. 이것은 비록 개인의 회심과 윤리적 완벽이라는 신앙적 개조 운동이기는 했지만, 사회 개혁 운동과 연관되었다. 이들의 주적은 음주와 그에 따르는 폐해였다.[390]

그러나 대각성 운동을 논하기에 앞서 청교도 운동을 다시 거론해야 할 필요가 있다. 17세기 영국과 미국을 휩쓸었던 기독교의 한 운동은 청교도 (이주)운동이었다. 이것이 유럽중심의 신앙(부흥)운동이었으며 1차 대각성 운동(1500년대로부터 1743년경까지)은 미국 회중교회 목사이자 신학자였던 조나단 에즈워드(1703~58년)의 칼뱅주의(회중교회)와 조지 휫필드(칼뱅주의 감리교회)에 의해 그 절정에 이르렀다.

그 후에 17세기 후반 중부유럽에서 새로운 형태의 신앙부흥 운동, 즉 경건주의 운동이 발흥하였다. 이것은 영국의 웨슬리 형제들(감리교)에 의해 영국 대각성 운동의 발흥을 초래하였다. 이것이 2차 대각성 운동(18세기 말로부터 19세기 중반까지)이 미국에서 감리교와 침례교를 중심으로 발생했다.[391] 이 때는 금주, 낙태, 여성의 권리를 강조하였다. 19세기 초는 미국 역사에서 1인당 음주량이 가장 많았던 시기였으나, 2차 대각성 운동의 결과로 음주 비율이 절반으로 줄었고, 절대 금주(teetotalism)가 그들의 명예가 되었다.[392] 이후에 순회 설교자 프랜시스 애즈베리(1745~1816)를 통하여 1830년대의 성결 운동의 발생에 영향을 주었다. 19세기 도덕생활의 개혁, 특히 영미성결주의는 세속적 집착으로 인해 오는 유혹들(술,

---

389 존 울프, 〈복음주의 확장: 윌버포스, 모어, 차머스, 피니의 시대〉 (이재근 역; 기독교문서선교회, 2010), 227-32.

390 Krenglinger, *The Spirituality of Wine*, 62.

391 "19세기중엽부터 칼빈주의에서 알미니우스 성결운동으로 전환"하였다. 1차는 칼빈주의적이었던데 반하여, 성화와 완전에 대한 목표는 2차부흥 운동이후에 나타났다.

392 더글라스 A. 스위니, 〈복음주의 미국역사: 복음주의운동의 역사〉 (조현진 역; 서울: CLC, 2015), 106-7.

극장, 도박 등)을 피하였다.[393]

미국에서는 1830년대에 절주 운동 단체가 생겨났고, 50년 후에는 대규모 조직들이 기독교 단체들과 연합하여 알코올 음료의 구입을 제한하고, 소비를 줄이고, 술을 없애자는 금주 운동을 전개하게 된다. 이 운동은 1차 세계대전 기간과 전후에 많은 나라에서 금주령과 준(準)금주령을 시행하도록 만들었다.[394] 물론 금주령의 제정이라는 점에서는 미국이 가장 성공적이었다.

미국의 금주 운동

미국 독립선언문의 서명자였고 펜실베니아 대학교의 화학과 교수이기도 했던 벤자민 러쉬(Benjamin Rush, 1746~1813)는 1782년에 이어서, 1797년에 출간한 〈인체와 마음에 대한 스피릿 주류의 효과에 대한 연구 (An Inquiry into the Effects of Spirituous Liquors on the Human Body and the Mind)〉라는 책의 〈도덕과 육체를 재는 온도계〉(A Moral and Physical Thermometer) 부분에서 술을 절주(temperance)하게 하는 알콜 음료와 폭음(intemperance)을 하게 만드는 알콜 음료, 두 가지 구분을 언급하였다. 전자는 소량의 맥주, 사이다와 페리, 와인, 흑맥주, 독한 비어와 같은 알콜 음료들이고 후자는 펀치, 토디, 에그 럼, 그로그, 진, 브랜디, 럼과 같은 알콜 음료들이었다.[395] 그러나 이와 같은 보편타당한 분석은 쉽게 남용되기 마련이다. 이는 마치 가격이 싸고 영양가가 떨어지는 패스트푸드점을 벗어날 수 없는 요즘의 청소년들이나 빈민계층에게 건

393 스위니, 《복음주의 미국역사》, 191.
394 필립스, 《알코올》 308-9.
395 필립스, 《알코올》 246-47.

강세를 물리는 것과 마찬가지의 효과를 초래할 뿐이다.

19세기 들어서면서 미국도 유럽과 마찬가지로 독한 술의 소비량이 급속도로 증가하였다. 미국의 경우에는 이민의 증가를 포함하여, 도시화, 산업화의 여파로 무절제한 술 소비가 문제가 되었다.[396] 이것은 사회적인 문제가 되었지만, 정부의 입장에서는 세수 증가 요소가 되었다.[397]

이와 같은 상황 속에서 상류층과 서민들 사이에서는 폭주에 대한 비판(상류층)과 정부가 부과하는 세금과 규제와 관련한 여러 가지 시민들의 항의에 나타나는 음주의 권리(서민들) 사이의 갈등이 지속되었다.[398]

미국의 사회 개혁자들이 볼 때, 위스키(대중주)는 범죄, 빈곤, 가정폭력의 원인이었으며, 고용주들이 볼 때는 노동생산성의 약화와 일터의 값비싼 장비를 망가뜨린 요인이 된다고 보았다.[399]

거의 한 세기에 가까운 금주 운동은 다양한 목소리와 근거들로 무장하고 있었다. 첫째로, 개인의 절주와 자제를 호소하는 단체와 생산, 유통, 소비의 전면 금지를 주장하는 단체, 둘째로, 건강상의 이유로 호소한 단체와 사회적 혼란 혹은 국가 인구의 성장과 안녕을 호소한 단체, 셋째로, 성경에 근거한 호소, 세속적 실용적 주장에 근거한 호소, 그리고 여성과 가족에게 미치는 영향에 근거한 호소가 그것이다.[400]

19세기 금주 운동의 흐름은 다음과 같았다. 우선 금주 운동의 주대상은 원래 맥주와 포도주가 아닌 스피릿이었다.[401] 금주 운동의 시초는 남성 중심으로, 절대 금주가 아닌 스피릿의 소비를 반대하던 온건한 입장을 가진 중산층으로 모였던 1813년에 창립한 MSSI(The Massachusetts

396 장금현, 〈절제 운동연구〉, 27-29.
397 필립스, 〈알코올〉 270-71.
398 필립스, 〈알코올〉 275.
399 필립스, 〈알코올〉 292-93.
400 필립스, 〈알코올〉 309.
401 필립스, 〈알코올〉 212.

Society for the Suppression of Intemporance)으로부터 비롯되었다.

1826년에 ATS(the American Society for the Promotion of Temperance)가 결성되면서, 절대 금주를 주장했고, 1840년에 여섯명의 알코올 중독자들로 시작된 워싱턴 금주회(Washingtonianism)와 같은 다른 단체들은 '세상 사람 모두를 술을 끊게 만들 금주령'을 선포하게 하자고 주장했다.[402]

결국 일부 주에서 스피릿 제조와 판매를 금지하는 법안이 통과되기에 이르렀다.[403] 군대에서 지급하던 알코올 음료의 양도 줄었으며, 결국 1832년에는 군인들에게 커피와 차를 지급하도록 했다. 미국에서 세계 최초로 금주형 군대가 등장한 것이다.[404]

금주 운동의 두 번째 파도는 남북전쟁이 끝나고 이어지는데, 1874년에 애니 터너 위텐마이어(Annie Wittenmyer, 1874~1879)가 1대 회장으로서, 16개 주의 개신교 여성들이 결성한 기독교부인교풍회(WTCU, the Woman's Christian Temperance Union)가 제조와 판매 금지를 요구함으로서 스피릿에 대한 전적인 금주를 제기하였다(이 단체는 나중에 World WCTU가 된다). 이 단체의 기원은 1873~5년의 여성 십자군(Woman's Crusade)이라는 개신교 절제 운동에서 비롯되었다.[405]

제2대 회장인 프란시스 E. C. 윌라드(Frances Elizabeth Caroline Willard, 1839~1898)역시 조직을 국제적인 규모에까지 키우는 등의 중요한 역할을 수행하였다. 이들은 여권 운동과 더불어 금연 운동, 안식일 준수 운동은 물론,[406] '술의 파괴행위로부터 가족과 가정을 방어'하기 위한

402 존 울프, 《복음주의 확장》, 230.
403 필립스, 《알코올》 311-12.
404 필립스, 《알코올》 294.
405 백종구, "한국 개신교 절제 운동의 기원과 전개-금주 운동을 중심으로-," 《한국 기독교 신학논총》 27 (2003): 380. (379-406)
406 https://en.wikipedia.org/wiki/Woman's_Christian_Temperance_Union

정치적 활동도 서슴지 않았다. 1890년에는 미국회원이 15만 명 정도가 되었다. 개신교 여성들로 구성되었던 이 단체는 음주에 큰 문제를 제기하지 않았던 가톨릭이나 유대인들과는 거리를 두었고 특별히 가톨릭과 아일랜드계의 이민을 반대하였다. 물론 유럽에서 이주한 가톨릭 교도들에게서 금주 운동이 없었던 것은 아니다. 금주를 주장했던 가톨릭 전면금주연합(the Catholic Total Abstinence Union)이 1872년에 설립되었고, 1900년대 초에는 관련 단체 회원이 9만명에 이르렀다. 이러한 운동은 독일계 가톨릭보다는 아일랜드계 가톨릭 교인들 사이에 매우 큰 지지를 받았다.[407]

마지막으로 금주 운동의 세 번째 중요한 단계는 다음과 같다. 즉 1893년에 조합교회 H. H. 러셀(Russell) 목사는 미국 반살롱연대(ASLA, the Anti~Saloon League of America)를 만들어 남성 전용 술집을 폐쇄하라는 주장(나중에는 금주도 포함시켰다)을 내걸었다. 이들은 우리가 지금까지 논의한 WTCU, CTAU를 포함하여 금주와 함께 남성 전용 술집의 폐쇄가 문제의 해결책이라고 보았다.

이러한 노력의 결과로, 술의 제한과 아울러 금주령까지도 내려지는 주들이 많았다. 결국 제1차 세계대전 동안 식량으로 쓸 곡물을 확보하기 위한 전시 금주법이 실시되었다가 1916년에 미국 의회는 금주령을 포함한 수정헌법 18조를 통과시켰다.[408]

다른 나라의 금주 운동

407 필립스, 〈알코올〉 212-14.
408 필립스, 〈알코올〉 314-15.

여기에서 미국 이외의 금주 운동에 대한 활동이나 역사를 전부 다룰만 한 여력이나 공간이 주어지진 않는다. 일부 국가의 주요한 금주 흐름만 다루려고 한다.

다른 나라, 특히 유럽이나 일본은 미국과는 좀 달랐다. 영국은 주(主)음주층이 노동 계급이라는 점과, 펍(Pub)이라고 불리는 공간이 남자들의 사교 문화 공간이라는 독특한 문화 때문에 절대 금주 운동이 고전을 하였다. 이들은 기독교 색채를 드러내지 않고 사회주의적 색채를 가진 채로 진행되기도 하였다.[409] 그러나 1863년 영국 성공회 절주협회(the Church of England Temperance Society)는 큰 영향력을 줄 정도로 성장했다. 이들은 미성년 아이들이 술을 마시지 못하게 하는 법을 통과시켰다.[410]

프랑스에서는 스피릿을 공격 목표로 삼고 맥주와 와인을 지지하는 차별적 반대 정책을 펼쳐졌다. 예를 들어서, 1870년대부터의 프랑스 절주협회(Société française de tempérance)의 활동은 와인 생산이 급감하던 시기가 모든 알코올은 문제가 있다는 보고가 나오던 시기와 겹치는 바람에 소기의 목직을 달성하기가 어려웠다. 1895년에는 절대 금주를 주상하는 프랑스 반(反)알코올연맹(UFA, Union française antialcoolique)이 생겼다. 이들은 전국적인 반대에 직면해야 했다.[411]

독일에서는 가톨릭교도가 많은 남부보다는, 루터파가 많은 북부 지역에서 금욕 운동이 더 활발했다. 독일도 프랑스처럼 스피릿에 대한 집중적인 공격을 수행하였으며, 이로 인해 19세기 말 술 소비량이 줄고 20세기 초까지 과일과 설탕 등이 증가하였다.[412] 15세기에 독일 신성 로마제국의 막시밀리안 1세가 제국 회의 때마다 신하들에게 금주를 강조했듯이, 이때에

409 필립스, 《알코올》 315-17.
410 필립스, 《알코올》 320-21.
411 필립스, 《알코올》 323-25.
412 필립스, 《알코올》 326-27.

도 과도한 알코올 소비는 문제로 여겨졌다.[413] 미국이라는 신대륙에 술을 수출하고 유럽에는 커피와 차와 초콜릿이 자리를 잡았다.[414] 개신교의 경건주의에서 비롯된 알코올에 대한 부정적인 태도는 20세기의 금주 운동에까지 영향을 끼쳤다.[415]

독일의 반알코올 운동의 중요 인사는 아브라함 베어(Abraham Bäer, 1852~1915)다. 그는 1878년에 알코올이 가정과 도덕을 파괴하며 범죄를 조장한다는 신념을 입증하는 책을 출간하였다.[416] 그의 주도로 1883년에 독일에서 '알코올 음료의 남용을 반대하는 독일연맹'(Deutscher Verein gegen den Mißbrauch geistiger Getränke, DVMG)이 발족되었다. 이후에 1910년에 독일 금주 및 절제 단체는 199개에 이르렀다.[417]

감리교 웰치 목사의 포도즙 운동

1822년 증류탑의 발명으로 인해 도수가 높은 술이 발명된 이후에 미국의 일부 주류 교단들은 알코올 섭취 자체를 정죄하는 금주 운동을 주도하였다. 이것은 성찬식의 포도주를 포도즙(주스)로 바꾸려는 노력에까지 이르렀다.

영국에서 태어나 미국으로 이민한 토마스 브람웰 웰치 감리교 목사(1825~1903)[418]는 1869년에 성찬용 포도주를 대체할 웰치의 포도즙(Welch's Grape Juice)을 만들어냈다. 뉴저지주에 살았고 치과의사였던 웰치 목사는 '포도즙의 발효 방지를 위한 멸균 절차의 발명가'로 알려졌다.

413 블루메, 〈맥주〉, 266.
414 블루메, 〈맥주〉, 271.
415 블루메, 〈맥주〉, 276–77.
416 블루메, 〈맥주〉, 280.
417 블루메, 〈맥주〉, 283.
418 https://en.wikipedia.org/wiki/Thomas_Bramwell_Welch

그는 포도주스를 1864년 발명된 저온 살균법(파스퇴라이제이션)을 사용하여 자연적으로 포도즙에 포함되었던 효모를 제거하였고, 1835년 이후 발명된 냉장 보관법을 사용하면, 포도즙이 더 이상 포도주로 변화하지 않는다는 것을 알게 되었다. 사실 그 전까지는 포도의 장기 보관은 건포도나 포도주밖에 없었다. 이 기법 자체는 포도주와 관련된 웰치 목사의 신학적 고민에서 비롯된 것이지만 이것이 나중에 미국에서 제정되었던 금주령의 여파로 더 확산되고 고착화되었다.

웰치 목사와 그의 조카는 이 기법으로 포도즙을 상품화하여 〈웰치 의사의 비발효된 포도주(Dr. Welch's Unfermented Wine)〉라는 이름으로 판매하였고 나중에 그의 아들이 〈웰치의 포도주스(Welch's Grape Juice)〉로 개명하였다.[419]

1956년 미국포도협동조합(National Grape Cooperative Association)에 팔리운 이 기업은 현재도 미국에서 널리 재배되는 콩고드 포도(Concord Grapes)를 주원료로 포도즙과 여러 종류의 탄산 음료들을 생산하고 있다.

미국 감리교 감독교회(the Methodist Episcopal Church)가 1880년 포도주 대신 포도주스를 성찬용으로 채택하였다.[420] 이로써 성찬 논쟁은 새로운 국면을 맞이하게 되었다. 그 후에 미국 연합감리교단(United Methodist Church)뿐만 아니라, 미국 내 많은 보수적 교단들에서 포도주를 버리고, 성찬용 포도즙을 사용해왔다.

이후로 감리교에서는 포도주 대신에 포도즙을 성찬에 사용하는 전통을 수립하였다. 그러나 교회의 성찬에서 알콜을 제거하는 데에는 성공하였으

419 http://www.welchs.com/about-us/our-story/who-we-are
420 http://www.umc.org/who-we-are/methodist-history-controversy-communion-and-welchs-grape-juice

나, 그 대신에 이 포도즙에 포함된 과도한 설탕을 섭취하는 문제를 안게 되었다.[421] 포도즙에는 알코올의 방부 작용이 없었다. 또한 공중 보건의 문제로 성찬의 포도즙을 마실 때, 한 개의 포도즙 성배로 나아가 그리스도의 포도즙 잔에 참여하는 게 아니라, 개인에게 주어진 개별 포도즙잔을 사용하게 만들었다. 그러한 측면에서 한 몸 한 피를 공유한다는 성찬의 공동체적 의미가 퇴색하게 되었다.[422]

미국의 금주령(Prohibition, 1919~1933년)

미국에서 수정헌법 18조를 통과시키면서 금주법이 발효되었다. 미국의회는 1918년 11월 21일에 전시금주법(the Wartime Prohibition Act)을 통과시켰다. 이 법은 1918년 7월 1일부로 사람을 취하게 만드는 음료의 판매를 금지시켰다. 그 날이 되기 전에, 수정헌법 제18조는 48개 주 중 46개 주의 압도적인 지지를 받았고, 전국적인 금주령이 효력을 갖는 날이 1920년 1월1일로 정해졌다.[423] 이론적으로는 이러한 법을 통하여 미국민들이 무해한 음료를 마심으로써 건강한 개인과 가정과 사회를 건설하는데 모두 동참하게 되리란 소망이 있었지만,[424] 그것은 결국 불가능한 것이었다.

1928년에 시작한 대공황의 여파로 재정이 부족했던 정부는 스피릿이 메워주던 세금의 빈자리를 그리워하게 되었고, 1932년 대선에 출마한 민주당 후보 프랭클린 루즈벨트가 금주령 폐지 공약을 내걸었다. 심지어 1929

421 자세한 논의는 Luke T. Harrington이 기고한 "How Methodists Invented Your Kid's Grape Juice Sugar High: The weird story behind the church's go-to communion wine substitute"를 참조하라. http://www.christianitytoday.com/local-church/2016/september/how-methodists-accidentally-invented-your-kids-grape-juice-.html
422 Krenglinger, *The Spirituality of Wine*, 63.
423 필립스, 〈알코올〉 412-3.
424 필립스, 〈알코올〉 414.

년 폴린 새빈(Pauline Morton Sabin, 1887~1955)의 주도로 창립한 〈전국 금주령 개혁을 위한 여성 조직〉(WONPR, the Women's Organization for Nation Prohibition Reform)은 금주령이 오히려 술의 오용을 자극해서 가정과 여성, 아동, 가족에게 해를 끼쳐왔다고 주장했다.[425]

1932년 대통령으로 선출된 루즈벨트는 연말에 수정헌법 18조를 폐지하는 수정헌법 21조를 통과시켜서 금주령을 폐지하였다.[426] 물론 금주령의 폐지 이후에도 금주령의 여파로 금주령 이전의 '자유스러운' 술 소비는 불가능하게 되었다. 여전히 미국을 포함한 전 세계의 정책은 술을 조절함으로써 공공 보건에 기여하려는 입장과 술 제도에 자유를 제공하려는 입장의 양극단 사이에 존재한다.[427]

유럽과 북미 지역에서는 술 소매의 직접 통제, 즉 술판매하는 장소나 시간을 제한하거나 개인에게 판매하는 양을 줄이는 정책을 수용한 경우도 많았지만, 가장 중요한 법제는 미성년자에 대한 술판매 금지, 공공광고에서 술 항목의 제한에 이어서 음주 운전에 대한 강한 처벌과 단속에 대한 입법과 엄격한 적용이었다.

이와 같은 사회 전반적인 변화는 물보다 술이 더 건강에 좋다고 주장했던 의학계의 오랜 전통을 변화시켰다. 그들은 이제 현대적 측면에서 와인과 맥주의 적절한 효용성을 인정하면서, 적당한 음주가 금주보다는 더 낫다는 입장을 표명한다.[428]

국가적 측면에서 혹은 종교적인 측면에서 전 구성원들에게 생산과 소비, 그 어떤 알코올 음료라도 엄격한 법적인 효력을 가지고 음주를 금지한 경우는 미국의 금주령이 무슬림에 이어 두 번째라고 할 수 있다. 세 번째 금

425 필립스, 〈알코올〉 426.
426 필립스, 〈알코올〉 426.
427 필립스, 〈알코올〉 440.
428 필립스, 〈알코올〉 495.

주령은 사실상 한국 기독교에서 찾아볼 수 있다.

물론 제1차 세계대전 기간에 (전면)금주령을 시행한 나라들은 러시아 (1914~21년) 외 일부 있었다. 그 이전에는 19세기 내내 미국은 원주민들에게 금주 정책을 강요하였고 남아프리카 공화국은 1896~1960년대까지 아프리카계 원주민들에게 금주 정책을 강행하였다.[429] 국가가 특정한 인종들에게 그들이 음주의 부정적인 영향에 취약하다는 전제하에 금주정책을 강요하는 것은 잘못된 것이다. 신기하게도 미국 보수교단의 선교를 받은 나라들 즉, 우리나라를 포함하여 중국 개신교나 러시아 개신교의 경우 금주령은 현재 진행형이다. 그 기원에 있어서 미국 근본주의적인 영향을 받아서 음주에 대한 부정적인 태도를 견지하고 있는 실정이다.

429 필립스, 《알코올》 406-7.

한국 개신교 전래와 근본주의 금주령

슬프다 술을 먹음으로 육신이 병들고 영혼이 주리는 데 크게 관여가 되는 줄은 모르고 오히려 칭탁하는 말이 한두 가지가 아니로다··· 술이 사람의 덕을 해롭게 함이 심하고 또 술이 대단히 사람에게 해로운 것은 술을 먹으면 음식이 잘 소화하지 못하고 식물이 굳어져서 우경이 상하며··· 술이 사람에게 해로움이 대개 이러하오니 술을 좋아하시는 이는 깊이 생각하시오(그리스도신문, 1906년 4월 5일자).

우리 주 예수를 믿던 사람은 만일 수화(水禍)에 몸은 죽더라도 영혼이 하나님께 갈 수 있고 호랑이나 사자에게 죽더라도 그 영혼이 하나님께로 갈 수 있거니와 술 먹다 죽으면 어찌 그 영혼이 하나님께로 갈 수 있으리오(〈계주론〉, 죠선 그리스도인 회보, 32호, 1897.9.8)

선교사가 처음 우리나라에 들어와서 복음을 전하던 초창기에는 술 담배를 허용했습니다. 당시에 지금의 이화여고가 있는 자리에 강 정승댁이라고 하는 큰 집(에서) ··· 일 년에 몇차례씩 사경회를 했습니다. 성경공부 중간에 휴식 시간이 있었습니다. 하루에 4번 휴식시간을 주었는데, 틈틈이 술과 담배를 제공했다고 합니다. 그때는 담배를 불경이, 막초라고 불렀습니다. 담배 잎사귀를 말아서 피우든가 아니면 담뱃대에 채워서 피우는 것입니다. 예수 믿는 남자분들이 긴 담뱃대를 허리춤에 꽂고 와서는 성경공부를 하고 쉬는 시간이면 모두들 앉아서 담배를 피우느라고 그야말로 은혜가 충만했다고 합니다…[430]

지금까지 고대 근동 이집트와 메소포타미아, 이스라엘을 거쳐 그리스-로마, 그리고 유럽과 미국 대륙을 거쳐 우리나라로 돌아오게 되었다. 본 장에서는 한국 교회가 지금까지 100년이 넘게 금주령을 선포하게된 배경과 이유와 결과를 살펴보자. 앞 장에서 살펴보았듯이, 한국 교회의 금주령은 세계적인 금주 운동의 한 부분으로 이해해야 한다.

한국 교회의 금주령에 대한 이해

금주와 금연은 극동 아시아 기독교 문화와 관련한 독특한 도덕 개혁의 대상(에 대한 현상)이었다.[431] 한국 교회가 직접적으로 철저한 금주 입장을 갖게된 원인과 배경에 대한 여러 가지 견해가 있다. 미국 근본주의(Fundamentalism)의 영향, 혹은 청교도주의의 영향, 금주 시대의 영향을 받은 미국의 감리교(혹은 성결교)의 절제 운동의 영향[432] 등이 그것이다. 이러한 논의들을 고려하면서 한국 교회에 크게 영향을 끼친 금주령의 역사를 살펴보자.

---

430 옥한흠, 《구원받은 자는 이렇게 산다: 로마서 강해설교 제3권》 (서울: 두란노, 1994), 158–59.
431 이재근, "매코믹신학교 출신 선교사와 한국 복음주의 장로교회의 형성, 1888–1939," 《한국 기독교와 역사》 35 (2011), 37 n. 101을 보라.
432 장금현, 《절제 운동연구》, 17ff.

1) 청교도주의의 영향

어떤 사람들은 한국 교회의 특징이라고 할 수 있는 금주, 금연, 금아편 등의 엄격한 규율에 대한 근거를 19세기 기독교에서 비롯된 금주 운동과 보수적 태도 외에도 17세기로까지 거슬러 올라가는 뉴잉글랜드 청교도들의 문화의 영향력(가시적, 윤리적 엄격성)에서 찾아야 한다고 주장한다(물론 미국 청교도들이 금주 금연을 실행했는가의 논의는 별도의 문제다). 이에 대한 대표적인 옹호자가 한동 대학교에서 교편을 잡고 있는 류대영 교수다.[433] 다른 아시아 국가들과는 달리 개종자들을 쉽게 구할 수 있었던 한국 초대 교회의 경우에 '좀 더 철저하게 종교적, 윤리적 규범을 적용할 수' 있었다는 것이다.[434] 이러한 입장은 1919년에 아서 브라운(Arthur Brown)의 선교사들의 경향성에 대한 유명한 언급에서 출발한다.[435]

> 한국에 들어간 선교사들이 지닌 공통성은 청교도형이었다. 그들은 백 년 전에 뉴잉글랜드의 우리 조상들이 했던 것과 똑같이, 안식일을 지켰다. 그들은 춤추고, 담배 피우고, 노름하는 것을 죄로 보고, 참된 그리스도인으로서는 하지 못할 일이라 하였다.

류대영 교수는 이와 같은 뉴잉글랜드 청교도적 문화가 그와 같은 이상을 추구하던 미국 중산층 (제국주의적) 문화의 영향을 받은 것이라고 전제한다.[436] 그와 같은 주장을 검증하려면, 한국 선교 초기의 장로교 선교사들이 갖고 있던 신학적 태도와 선교사로서의 행습에 관한 다양한 분석과 접근이 필요하다. 그는 해외선교에 대한 동인으로서 전천년설, 주류 교단 출신,

433 류대영, 〈초기 미국선교사 연구, 1884-1910: 선교사들의 중산층적 성격을 중심으로〉 (초판5쇄: 서울: 한국 기독교 역사연구소, 2016), 113.
434 류대영, 〈초기 미국선교사 연구〉, 124.
435 Arthur J. Brown, *The Mastery of the Far East* (New York: Charles Scribners, 1971), 540.
436 류대영, 〈초기 미국선교사 연구〉, 136.

청교도적 프론티어정신(일종의 기독교 문화와 종교적 제국주의의 연장)과 신학적 윤리적 보수성[437] 등을 그 증거로 제시한다. 이것은 (신학적 입장의 엄격성과는 무관하게) 청교도적으로 모범적이고 가시적이고 중산층의 기독교 윤리관과 부합하는 것이다.[438] 그러나 이러한 태도를 뉴잉글랜드 청교도 문화에만 국한시킬 필요가 없다는 주장도 있다.[439]

아주 초창기 (일부) 선교사들과 기독교인들에게는 음주 흡연이 문제로 여겨지지 않았으나,[440] 얼마 지나지 않아 장로교와 감리교를 무론하고 대다수 선교사들을 중심으로 금주, 금연 등의 입장이 주류를 이루게 되었다. 사실 이것은 당시 미국의 전반적인 분위기, 즉 대부흥 운동과 선교사들의 출신 성향, 그리고 절제 운동의 영향이 컸다. 특별히 미국 3차 대부흥 운동은 해외선교, 즉 영혼의 구원(개인과 사회의 정화)을 위한 것이었으며, 여기에서 죄의 항목에는 '술취함'이 꼭 포함되었다.[441] 심지어 교회의 정화 차원에서 음주, 간음, 거짓말, 거짓 맹세 등을 신자들이 당연히 피해야 할 죄의 목록에 넣었고 부흥회에서 그것들을 고백하게 하였으며 이것을 교회 부흥의 한 요소로 보는 경우도 있다.[442] 게다가 이들은 미래에 발전이 없다는 전천년설(종말을 앞당기는 사명의식)을 신봉하였다.[443] 이들은 선교의 긴박성, 그리고 사회적 악습의 즉각적인 타파가 시급한 문제라고 보았던 것이다. 게다가 이러한 태도들은 미국 등지의 금주 운동과 조선현실에 대한 인식이 잘 들어맞았다.

437 류대영의 《초기 미국선교사 연구》, 105-34.
438 류대영의 《초기 미국선교사 연구》, 129-31.
439 이재근, "매코믹신학교 출신 선교사와 한국 복음주의 장로교회의 형성, 1888-1939," 《한국 기독교와 역사》 35 (2011), 37.
440 http://mission.bz/?document_srl=6928
441 이유나, 《죄 이해》, 39.
442 김홍만, 《초기 한국 장로교회의 청교도 신학》(서울: 도서출판 옛적길, 2003), 152-3.
443 이유나, 《죄 이해》, 40.

2) 감리교의 영향

미국 북감리교 올링거 선교사(茂林吉, 1845~1910)는 중국, 조선, 일본이라는 동북 아시아 선교의 일반적인 전략으로서 이교, 미신, 비윤리척결을 내세웠으며 그 일환으로 철저한 금주·금연을 주장했다.[444] 올링거 선교사는 원래 중국 푸조(福州)에 파견되었고 거기서 성경 학교와 고등교육기관을 운영하였다. 선교사들 사이에서 전도냐 교육기관 운영이냐는 갈등 끝에 올링거는 중국을 떠나 조선으로 재파송되었다. 조선에 온 올링거는 학교와 번역(문서선교) 등을 겸하는 목사로 일하다가 안식년을 미국에서 보내고 중국으로 재파송되었다.[445] 그는 동아시아에 기독교 문화를 전파해야 한다는 측면에서 사회적인 부조리와 악한 풍속을 없애야 한다는 점을 강조하였다.[446] 그러한 점에서 올링거는 엄격한 금주, 일부일처, 성수주일, 제사 포기 등과 같이 신자들의 입교의 조건을 장로교보다 더 어렵게 만들어야 한다고 역설하였다.[447] 물론 이러한 엄격성은 반대 입장을 가졌던, 또다른 감리교 선교사였던 스크랜튼과의 불화를 초래하였다.[448]

올링거 선교사의 영향을 받아서 1893년 감리교 선교부는 절제위원회를 설치하여 조선 사회의 음주 상태를 연구하고 보고하게 하였다. 이 위원회는 1900년 금주에 대한 규칙을 만들었고 같은 해 감리교 선교사 G. H. 존스(1867~1919년)는 술 마시는 교우들을 즉시 출교시키겠다고 교인들에게 경고하였다.[449] 그 위원회는 1901년 사회개량위원회와 통합하여 금주, 결혼, 주일성수, 금연 등의 다양한 문제를 다루게 되었다. 감리교

444 옥성득, "초기 한국 북감리교의 선교 신학과 정책 - 올링거의 복음주의적 기독교 문명론을 중심으로(Franklin Ohlinger and Methodist Evangelical Mission Theology in Korea, 1885~1894), 《한국 기독교와 역사》 제11호, 1999.7.
445 옥성득, "초기 한국 북감리교의 선교 신학과 정책," 9~13.
446 옥성득, "초기 한국 북감리교의 선교 신학과 정책," 16~17.
447 옥성득, "초기 한국 북감리교의 선교 신학과 정책," 33.
448 옥성득, "초기 한국 북감리교의 선교 신학과 정책," 34~5.
449 백종구, "한국 개신교 절제 운동," 384.

는 (팔거나 마시거나 간에) 음주 자체를 죄악으로 규정하였으며 이와 관련된 다양한 캠페인을 펼쳤고 이에 대한 문서 자료로도 많이 발견된다.[450] 음주에 대해서는 장로교 선교사들도 감리교의 단호한 태도와 결을 같이 했다. 이들도 (1910년 11월에 행해진 새문안교회의 예를 든다면) 교인들의 음주를 금지했고 음주자를 치리했다.[451] 음주뿐만 아니라, 흡연에 대해서도 이러한 엄격한 태도와 치리의 사례 등은 초기자료들을 통해서도 확인할 수 있다.[452]

초기 선교사들은 한국인들의 술과 담배 습관을 게으름, 불결, 무절제와 연결시켰다.[453] 근대인의 측면에서 금주와 금연은 개신교 신문에서 재산과 건강의 야만과 전근대적 생활의 예로서 다루어졌다.[454] 그래서 금주와 금연은 극적인 개종이야기의 증거가 되었으며 과거 습관의 단절에 대한 실례로 거론되었다.[455] 초대한국 교회의 금주/금연운동은 단지 교회의 치리(혹은 일방적인 금지)나 사회개혁의 한 문제에서 그친 것이 아니라, 일종의 종교적 통과의례와 극적인 체험을 통해 변화된 자로서의 증거로서 작용하기 시작했다. 그래서 개종(세례), 기도회(사경회), 신학회의 총집합을 구성하는 부흥회에서는 음주/흡연을 포함한 구태와 종교적 범죄에 대한 (1) 죄 고백의 의례화, (2) 새로운 성스러움의 형성이 그 특징을 이루게 되었다.[456] 그러한 점에서 기독교인들의 죄개념은 추상적, 신학적 측면보다 일종의 행동 규범 측면의 죄 목록들을 강조한다.[457]

450 보라, 백종구, "한국 개신교 절제 운동," 382-3.
451 백종구, "한국 개신교 절제 운동," 384-5.
452 류대영, 《초기 미국선교사 연구, 1884-1910: 선교사들의 중산층적 성격을 중심으로》 (초판5쇄; 서울: 한국 기독교 역사연구소, 2016), 109-113. 흡연문제는 보라, 민경배, 《한국 교회의 사회사(1885-1945)》 (개정판; 서울: 연세대학교출판부, 2008), 99-101.
453 이유나, 《죄 이해》, 61-2.
454 이유나, 《죄 이해》, 76.
455 이유나, 《죄 이해》, 94.
456 이유나, 《죄 이해》, 148ff.
457 이유나, 《죄 이해》, 216.

조선 말기와 일제시대 절제 운동의 역사

이와 같은 교회내적이고 부흥회와 같은 문맥 속에서 음주/흡연을 포함한 악습(혹은 죄)타파의 문제에 논의를 정리하고 대 사회적인 측면에서 이와 같은 운동이 어떻게 진행되었는가를 살피는 것도 유익할 것이다. 지면의 한계로 자세한 논의는 피하겠지만, 개괄적인 설명을 해보고자 한다. 조선 말기와 일제 강점기를 아우르는 기간에 음주의 문제를 포함한 한국 사회의 악습 타파 운동과 함께 전개되던 한국 기독교의 절제 운동은 시기적으로 다음과 같이 크게 네 부분으로 나눌 수 있다.[458]

첫 번째 시기: 한일합방 이전의 절제 운동(1884~1909)

이 시기의 기독교 절제 운동은 '생활 전반의 폐습' 타파에 관심을 가졌다.[459] 구습 타파와 민족 개조적 측면이 있었다.[460] 세부적으로는 (1) 개인의 회심(부흥회), (2) 학교-의료-신문/잡지-단체들을 통하여 (3) 국채보상 운동의 일환으로(1907년) 행해진 것이다.[461] 이 절제 운동은 (1) 음주 (2) 흡연 (3) 아편 (4) 축첩에 초점을 맞췄다. 절제 운동의 특징은 다음과 같다. (1) 한국의 악습 타파 (2) 복음적인 선교사들이 시작됨 (3) 교회 내에서 시작됨 (4) 선교부별로 실행됨(북장로교에서 도입한 청년면려회[Society of Christian Endeavor]의 역할도 고려해야 한다[462]), (5) 개인의 회심 및 교회 제도와 법규 제정 등 다양한 접근방법이 사용되었다.[463]

---

458 이 분류 방식은 장금현, 〈한국 기독교절제 운동연구(1884~1939년을 중심으로)〉(서울신학대학교 대학원 2004년 박사학위논문)을 따랐다.
459 장금현, 〈절제 운동연구〉, 54.
460 장금현, 〈절제 운동연구〉, 64.
461 장금현, 〈절제 운동연구〉, 64ff.
462 백종구, "한국 개신교 절제 운동," 390-1.
463 장금현, 〈절제 운동연구〉, 86-87.

두 번째 기독교 절제 운동은 첫 번째 절제 운동의 주 대상이었던, 축첩, 조기 흡연, 조혼 관습과 같은 '한국의 악습' 타파에 이어 주세, 담배세, 아편, 공창제도와 같은 일본의 '퇴폐 문화와 세속화'에 대한 저항을 또 하나의 절제 운동의 대상으로 삼았다.[464] 1911년 12월에는 개신교 선교사들이 만국 여자기독교절제회(World's Woman's Christian Temperance Union) 조선지회를 설립하여 금주와 절제 운동을 주도하였다.[465]

세 번째 기독교 절제 운동은 일제의 문화통치 기간에 행해졌다. 이 시기의 운동은 3·1운동 이후 일제의 변화된 통치 정책과도 관련이 있다. 군사적이고 급진적인 독립 운동은 해외에서 조직적으로 수행되었던데 반하여 절제 운동은 국내에서의 비폭력적인 민족주의 운동의 일환으로 볼 수 있다. 이 운동은 주로 일제 수탈과 함께 유입되는 퇴폐 문화(즉 주세, 연초세, 아편, 매춘 등)에 대한 사회 개조적 저항 운동이었다.[466] 이 시대의 특징은 주류소비의 급격한 증가와 농촌에 밀어닥친 경제적 불황, 사회/공산주의의 침투와 확장 등으로서 기독교의 절제 운동과 청년 운동의 대응이라고 규정할 수 있을 것이다.[467]

1923년 세계여자기독교절제회의 크리스틴 이사벨 틴링(C. I. Tinling, 1869~1943)의 방한에 영향을 받아 1932년 5월 5일 평양에서 조선기독

---

464 장금현, 〈절제 운동연구〉, 88.
465 백종구, "한국 개신교 절제 운동," 387.
466 윤은순, "1920.30년대 한국 기독교의 절제 운동-금주 금연운동을 중심으로-," 〈한국 기독교와 역사〉 16 (2002), 184.
467 민경배, 〈한국 교회의 사회사〉, 263ff.

교절제 운동회가 창설되었다. 이것을 통하여 절제 운동이 전국 규모로 발전하였고 초교파적으로 협력을 달성한다.[468] 물론 절제 운동에 있어서 교파적 활동은 여전하였다. 장로교는 조선기독교절제 운동회, 기독청년면려회[469] 등, 감리교는 중앙과 지역의 절제회[470]별로 행해지는 남성 중심의 운동이었다고 한다면, 초교파적으로는 여성 중심의 조선여자기독교절제회 (Korean National W.C.T.U.), YWCA 등이 있었다.

농촌의 청년 운동 확장과 아울러 '기독교가 제국주의의 수족이 되어 자본주의 국가를 옹호하는 무기의 역할을 하고 있으며 선교사들은 한국인들을 현실로부터 분리시켜 현실 변혁적 가능성을 말살시키고 있다'[471]는 사회주의의 기독교 비판이 일어났다.[472] 그 반응으로 건강, 빈궁 타파, 교육이라는 시대적 요구에 순응하여 민족 개조를 목표 삼게 되었다.[473] 이제 기독교에서 금주금연 운동은 초교파적인 사회적 사명으로 인식하게 되었다.[474] 그래서 이들은 다방면으로 이 운동을 전개하였다. 교회법규 제정, 농촌 운동(계몽), 강연회, 금주선전 대회, 과학적 제시, 활자 매체, 웅변 대회, 논문 공모 등이 그것이다. 이에 추가하여 물산장려 운동, 금주금연으로 인한 저축 운동, 아편 매매 금지, 공창폐지 운동과 여성 교육과 구제 활동을 전개하였다.[475]

그 결과는 (1) 음주와 흡연자의 감소 (2) 법제정(미성년자금주금연법)[476] (3) 항일 의식의 고취-일본 총독부는 1935년 기독교의 절제강연회를 법

468 장금현, 《절제 운동연구》, 125.
469 백종구, "한국 개신교 절제 운동," 391.
470 윤은순, "1920.30년대 한국 기독교의 절제 운동," 186
471 백종구, "한국 개신교 절제 운동," 386.
472 장금현, 《절제 운동연구》, 140.
473 민경배, 《한국 교회의 사회사》, 404-405.
474 백종구, "한국 개신교 절제 운동," 392.
475 윤은순, "1920.30년대 한국 기독교의 절제 운동," 188ff.
476 장금현, 《절제 운동연구》, 212ff.; 장로교목사 송상석의 노력의 결과로 이 법이 통과되었다(보라, 백종구, "한국 개신교 절제 운동," 399-400).

으로 금지하기도 함.[477] (4) 세계연합운동(세계절제회와 함께) (5) 여성리더십의 고양 (6) 기독교 청년 단체의 적극참 여유도 (7) 사회주의와 구별된 복음주의 운동으로 나타났다.

네 번째 시기: 절제 운동의 쇠퇴기(1940~1945)

이 시기[478]는 일제 말기 한국 기독교의 가장 암울했던 시기를 의미한다. 이 시기의 절제 운동의 쇠퇴의 원인은 다음과 같다. (1) 지적, 윤리적 중산층인 기독교 보수주의자들의 비판(교회의 목적은 정치적 사회적 문제에 관여보다는 복음 전파다)[479], (2) 교회의 전면적인 친일화[480], (3) 일제의 핍박, 즉 기독교절제 운동의 주도적인 단체인 기독청년면려회의 강제 해산 혹은 통폐합의 결과라고 할 수 있다.[481]

일본 식민 지배 하의 내선일체 원칙을 따라(1938년을 기점으로), 한국 기독교 단체의 일본기독교단체와의 통합이 진행되었다. 1939년 조선기독교여자절제회연합회(朝鮮基督敎女子節制會聯合會)가 일본교풍회(日本矯風會)로 통합되면서 일본기독교부인교풍회조선분회(日本基督敎婦人矯風會朝鮮分會)가 되었다. 일본에서는 1886년 WTCU의 첫 지부가 시작하는 것으로 절주 운동이 시작되었다. 이들은 매춘 반대도 함께 주장하였으며, 미션스쿨을 중심으로 문서 활동을 하였다.

일본기독교절제회(日本基督敎節制會)는 남녀 함께 금주회로, 여성은 일본기독교부인교풍회를 중심으로 활동하였다. 이들의 운동은 폐창, 금주, 청소년 보호, 여성 인권 등이었다.[482] 이에 대하여 절주 운동이 일본의 음주

---

477 장금현, 《절제 운동연구》, 219.
478 장금현, 《절제 운동연구》, 227ff.
479 민경배, 《한국 교회의 사회사》, 419.
480 백종구, "한국 개신교 절제 운동," 401.
481 윤은순, "1920,30년대 한국 기독교의 절제 운동," 199
482 장금현, 《절제 운동연구》, 52.

패턴과 정부 정책에 영향력을 거의 끼치지 못했다는 평가도 있다.[483]

　기독교 절제 운동사를 개괄하면서 우리는 왜 기독교인들이 술과 담배를 지독하게 죄악시했는가와, 일반 대중들에게 기독교=금주·금연이라는 인식을 갖게 되었는지를 알게 되었다. 개인의 음주와 흡연이 개인, 가정, 그리고 사회에 어떤 부정적인 영향을 끼치는가도 확인할 수 있었다. 그러나 이것은 일제 말기에 한국 교회가 단지 개인적 절제나 소극적 절약 운동과 같은 윤리도덕, 계몽 운동 등으로 민족적 위기 상황을 해결하려고 했던 한계를 드러냈으며[484] 교회의 대 사회적 운동으로서 1938년에 제정된 '미성년자 음주끽연금지법' 이외에 일반대중들에게 얼마나 큰 영향을 주었는지, 성공적으로 사람들의 습관과 가치관에 변화를 주었는지에 대해서는 의문의 여지가 있다.[485]

미국 보수 장로교와 금주 금연 운동의 관계

　음주와 흡연, 정통 장로교의 이중성과, 에큐메니칼 운동의 장애요인으로 작용하였던 한국 교회 내와 한국 사회 전반에 걸쳐 음주와 흡연을 죄악시했던 입장과는 다른 입장을 생각해볼 시간이다.

　혹자는 금주 금연 운동을 미국의 근본주의 운동(Fundamental Movement)과 동일시하며 그 가치를 쉽게 폄하하기도 한다. 이 운동은 19세기 말, 20세기 초 유럽과 미국을 강타한 신학적 자유주의(Theological Liberalism)에 맞서는 전투적 성향의 근본주의자들이 주도한 것이다(이

483 필립스, 《알코올》 328~29.
484 윤은순, "1920.30년대 한국 기독교의 절제 운동," 202.
485 백종구, "한국 개신교 절제 운동," 398.

들은 1960년대에는 '분리주의자들'[486]로 여겨졌다).[487] 사실 1차세계대전 이후에 미국에서 애국주의, 금주 운동, 맑스주의, 사회주의, 진화론, 반 가톨릭 정치 선전은 근본주의적 부흥사들의 단골 메뉴이기도 했다.[488] 이러한 입장은 미국을 거쳐 한국에서도 흘러들어왔다. 그러한 점에서 사람들은 이 근본주의 운동을 하나의 단일한 운동으로 이해하고 한국에 수입된 보수적 장로교를 단일한 실체로 이해하는 경향이 있다. 그러나 그러한 이해는 잘못일 수 있다. 특별히 미국 구프린스턴계열, 혹은 웨스트민스터 신학교(Westminster Theological Seminary)로 대표되는 보수적 장로교는 우리가 알고 있는 근본주의적 보수적 가치와 달랐음을 알 수 있다.

미국 필라델피아에서 웨스트민스터 신학교를 세우고 그곳에서 전투적인 보수주의의 대표로 여겨진 J. 그레섬 메이첸(Gresham Machen, 1881~1937)을 예로 살펴보자. 그는 국내에서 근본주의 장로교의 시조로 여겨진다. 그러나 여러 가지 오해와 누명에도 불구하고, 메이첸 자신은 '스스로 근본주의자임을 거부하였고, 천년왕국설에 대한 거부, 기질[상] 경건한 체하지 않는 것, 그리고 요컨대 웨스트민스터 신앙고백의 유서깊은 칼빈주의에 헌신'[489]했다는 점에서 전통적 개혁주의자로 남기를 원했다.[490] 게다가 메이첸은 다른 근본주의자들과는 달리 절대 금주(total abstinence)를 거부했으며 양조와 주류 판매 금지에 대한 교회의 지지를 반대하기까지 했다.[491] 심지어 그는 진화론 반대운동에도 나서지 않았다. 이것 때문에 메이첸은 1926년 장로교 총회에서 승진 심사에 불이익

486 조지 마르스덴, 《미국의 근본주의와 복음주의 이해》 (홍치모 역; 서울: 성광문화사, 1992), 16.
487 조지 마르스덴, 《미국의 근본주의》, 15.
488 조지 마르스덴, 《미국의 근본주의》, 123.
489 N. B. 스톤하우스, 《메이첸의 생애와 사상》 (홍치모 역; 서울: 그리심, 2003), 444.
490 스톤하우스, 《메이첸의 생애와 사상》, 444~445.
491 스톤하우스, 《메이첸의 생애와 사상》, 510ff.

을 받았을 정도였다.[492]

　많은 부분에서 동지였으나, 결국 천년왕국이나 음주·흡연과 관련하여 메이첸과 반대쪽에 서있게 된 칼 맥킨타이어(Carl McIntyre, 1906~2002년)의 의견은 그런 것들에 대한 기독교인의 자유와 도덕의 문제에 대한 것이었다. 메이첸은 웨스트민스터 신학교의 기숙사 내에서 일부 교직원들의 허락 하에 일부 학생들의 음주에 허용적인 태도를 취했다. 심지어 메이첸은 영화보러가기를 즐겼고 찰리 채플린에 대해서 호평하기까지 하였다. 그러나 맥킨타이어는 메이첸의 태도에 지속적으로 문제를 제기하였으며 심지어 그는 평생 알코올뿐 아니라, 심지어 커피도 마시지 않았다고 한다.[493] 그래서 결국 원래의 보수와 자유주의 논쟁 가운데 PC(presbyterian churches) USA의 결정을 거부하고 새롭게 세워진 웨스트민스터 신학교와 새로운 교단인 OPC(정통장로교회)가 세워졌으나, 결국 또 다시 그 학교는 페이스 신학교(Faith Theological Seminary)로 그 교단은 BPC(성경장로교회)로 나뉘게 되었다.[494] 그 이유가 알코올 음료의 전면적인 금지, 천년왕국설 등으로 인한 것이었다.[495] 그러한 점에서 본다면, 보수적 한국장로교회가 지향했던 금욕주의, (웨스트민스터 신앙고백과 부합하지 않는) 세대주의, 반공주의, 분열주의 등은 메이첸의 입장이라기보다는 그와 대립하였던 맥킨타이어에 가깝다고 볼 수 있다.[496] 이와 같은 엇박자는 OPC와 독립장로교해외선교부(The Independent Board for Presbyterian Foreign Missions)에서 파송된 (교육)선교사들의 경우 미국의 상황이나 개개인의 입장과는 상관없이 국내에 와서 활동할 때는 교회와 기

492 조지 마르스덴, 《미국의 근본주의》, 227.
493 홍철, 《메이첸과 맥킨타이어》 (서울: 한성문화사, 2001), 122-124, 각주 265.
494 월터 링글, 《세계 장로교회의 신앙과 역사 이야기》 (이종전 역: 서울: 예루살렘, 1992), 101ff.
495 링글, 《세계 장로교회》, 138.
496 자세한 논의는 홍철, 《메이첸과 맥킨타이어》, 137ff..

독교인들의 건덕(健德)을 위해 금연금주하고 미국에 귀국해서는 원래대로 행동하는 기현상을 초래하게 되었다. 이러한 현상은 단지 미국의 웨스트민스터나 OPC나 선교부만의 일은 아니었다. 미국 내의 근본주의적인 교회나 신학교육기관을 제외하고는 음주와 흡연은 아주 일상적인 문화로서, 신학의 입장과는 다른, 단지 개인의 자유(아디아포라)에 속하는 일이었다.

한국 보수 교회의 음주관과 국제에큐메니칼 운동의 실패

이제 마지막으로 한 가지 예를 더 들어보자. 1970년 예장 합동교단은 기존의 분리주의 정책을 버리고 국제적인 연대와 확장을 위하여 RES(Reformed Ecumenical Synod)[497]를 1970년에 서울에서 개최할 예정이었으나, 1969년에 취소하는 일이 벌어졌다. 그 이유는 역설적이게도 매우 심각했다. 한국 대표자들이 유럽에 가서 그 단체에 가입한 개혁주의 교단들의 대표자들을 만나보니, 그들은 놀랍게도 음주와 흡연을 허용하고 있었다. 그 교단이 부랴부랴 대회 개최를 취소하였던 이유는, 서울에서 대회가 개최되면 서양에서 온 참여자들의 꺼리김 없는 흡연과 음주가 보수적인 한국 기독교인들에게 덕이 되지 못할 것을 염려했기 때문이었다.[498]

---

497 이 단체는 1946년 미국 미시간주 그랜드 래피즈에서 창설되었고 나중에 Reformed Ecumenical Council로 이름을 변경하였다. 이 단체는 세계에서 World Alliance of Reformed Churches(1970년 창설, 제네바에 본부를 두고 있다) 다음으로 큰 개혁주의단체이다.
498 출전, 1969년 10월 5일자 교회연합신문 (제보해 주신 강성호 님께 감사드린다.)

새로운 시대를 위하여

우리는 이제까지 고대 근동문명에서 시작하여 수천년의 교회사적 측면에서 술문화를 살펴보았다. 그런데 우리는 또 다른 상황과 문화라는 측면에서 새로운 시대를 살고 있다.

첫째로, 맥주와 포도주로 대변되는 전통적인 주류시장은 줄어들고 있다. 위생 상 안전한 광천수(혹은 탄산수)의 보급과 커피, 차, 등 소프트드링크가 활발히 보급되고 있기 때문이다.[499] 물론 이것은 전통적인 선진국(즉 주소비층)의 경우이고, 동유럽 국가들, 중국이나 비선진국들에서 술은 여전히 강세를 보이고 있다.[500]

둘째로, 한국 보수 기독교는 술을 여전히 죄악시 혹은 타부(taboo)시 하고 있지만, 한편에서는 음주와 관련한 개인의 선택이나 선택의 자유(아디

---

499 미쓰루, 《맥주》, 267.
500 미쓰루, 《맥주》, 273ff.

아포라[501])의 측면에서 온건하거나 관용적인 태도를 가져야 한다는 목소리도 등장한다(옳고 그름에 대해 독자들이 각자 판단하시길 바란다). 그러나 지금까지 교단 입장에서 음주에 관한 객관적인 의사 표명은 한 번도 없었다. 여기서 필자가 속한 교단(북미기독교개혁교단, Christian Reformed Church in North America)의 알코올에 대한 공식 입장을 제시하는 것도 유익할 것이다.[502]

성경은 알코올을 포함한 음료가 [하나님의] 축복일 수도 있고 악의 원천일 수도 있다고 가르친다. 알코올을 마시는 사람들은 자신들과 다른 사람들에 대한 알코올의 효과를 고려해야 한다. 금주는 특정한 상황들에서는 적절한 윤리적 반응일 수 있으나, 성경이 그것을 명령하는 것이 아니므로, 교회는 그것을 명령하지 말아야 한다.

성경은 모든 기독교인들이 만취함을 반드시 피해야 한다고 가르친다. 비록 금주는 윤리적으로 칭찬할만한 선택이지만, 그리스도안의 자유로움으로 알코올을 적당히 마시는 사람들을 정죄할 수는 없다. 교회는 필요한 경우에 알코올 중독 교인들에게 중재와 훈계를, 그리고 그들의 가족들을 위한 목회적 돌봄과 지침을 제공해야 한다. 우리는 알코올을 포함한 음료를 마실 때 발생할 수 있는 위험을 배웠기 때문에 회중 가운데 성찬성례(주의 만찬)에 포도주를 사용하는 전통적인 습관을 고려할 필요가 있다. 그러므로 많은 교회들은 알코올 중독으로 고통을 겪는 예배자들을 존중하는 차원에서 성찬예식에서 포도주스를 사용할 것을 결정한다.

게다가, 성인들에게 자연스러운 전도(대화와 교제의 장)나 예배의 기회를 제공하려는 차원에서 신학 펍(Theological Pub)이 이미 서구 유럽쪽

---

501 아디아포라(adiaphora)라는 말은 신앙의 핵심적인 것이 아니라는 점에서 기독교인 개인이나 교회에서 금지되거나 억제되지 않은 채, 허용되는 특정한 행위나 신학의 조항들을 지칭한다. 이 논쟁의 몇 가지 예들을 들자면, 루터파의 멜랑히톤으로 촉발된 신학문제들에 대한 해결에서 채택된 "성경이 명령하거나 금하지 않는 것", 청교도들 사이의 예배의 원칙(고수)과 환경들(선택)의 논쟁 등이 있다(https://en.wikipedia.org/wiki/Adiaphora).
502 https://www.crcna.org/welcome/beliefs/position-statements/alcohol

에서 논의되고 활발히 진행되고 있는 상황이다. 그 예로 우리 교단(CRC-NA)의 사역자 브라이언 버그호프(Bryan Berghoef)의 경우를 들 수 있다.[503] 이것은 앞서 논의한 바 있는 서구 수도원의 객이나 순례자들을 환대하고 돌보았던 환대의 모임터나 루터의 가정집식탁에서 지속되었던 탁상담화(tabletalk), 칼뱅이 시도하였던 개혁파 펍의 21세기 버전이라고 할 수 있을 것이다. 물론 이러한 문턱 낮추기 혹은 편견 없애기의 시도들이 일부 한국 교회들에서도 나타난다는 것은 다행스러운 일이다.

셋째로, 성찬에 대한 새로운 다양한 입장들이 나타난다. 우리가 교회 안의 포도주의 사용 역사를 살펴보았듯이, 역사적으로 그것의 본질, 횟수, 대상과 관련하여 다양한 입장들이 나타났다. 현재는 우리 주위에 많은 교회들이 예배 가운데 성찬을 드물게 진행하며 여전히 세례를 받은 교회 구성원에게만 제한하고 있지만, 그렇지 않은 경우도 존재한다. 즉, 교회 혹은 신앙 공동체 속에서 성찬을 매주 진행하는 경우들도 나타난다. 또한 성찬의 참여자를 신앙을 공적으로 검증받은 성인 세례자로만 제한하지 않는 형태(open table, open communion)도 등장하고 있다. 또한 일부 교회의 경우에는 유아 세례를 받은 경우에 아주 어린 아이들에게도 성찬 참여가 허용되는 등의 나이 제한을 두고 있지 않은 경우도 있다. 이 경우를 유아 성찬(paedocommunion)이라고도 한다.[504] 이 입장은 고대 교부들, 즉 키프리아누스, 아우렐리우스 아우구스티누스, 교황 레오1세(Leo the Great) 등이 선호하였다.

성찬에 대한 논의는 기독교 예배의 중심이 성찬이냐, 말씀 선포냐와 같은

---

503 Bryan Berghoef, Pub Theology: Beer, Conversation, and God (Wipf & Stock Pub. 2012); 공식홈페이지는 http://www.pubtheologian.com/pub-theology/ 이다.

504 보라, Cornelius P. Venema, Children at the Lord's Table?: Assessing the Case for Paedocommunion (Grand Rapids: Reformation Heritage Books, 2009). 여기서는 그 역사와 신앙고백, 그리고 구약과 신약의 증거들, 그리고 핵심구절인 고린도전서 11:17-34에 대한 연구도 포함되어있다.

근본적인 논의를 초래한다. 예배자들은 성찬에 적극적으로 참여하고 말씀에 반응하는 것으로 그 역할과 예배에 대한 이해에 새로운 혹은 근원적인 변화를 얻을 수 있을 것이다.

다섯째로, 일부 교회들에서 거의 잊혀질 정도로 등한시 되었던 애찬의 개념을 살려서, 식사가 있는 예배가 진행되기도 한다. 사실 그 동안은 예배 전에 간단한 식사가 제공되는 경우는 있었으며, 가장 일반적으로는 예배 후에 공동 식사(혹은 만찬)가 있었다.

여섯 번째로, 성찬식 때 여러 가지 선택권이 주어지는 경우가 있다. 우리가 일반적으로 알고 있는 것은 일상적인 빵과 포도주(즙)가 제공되는 경우다. 그러나, 현대 문명에 있어서, 참여자의 체질이나 식습관에 따라 다양한 선택권이 주어지는 경우를 고려해보자. 즉 글루텐 알러지(Gluten allergic)가 있는 사람들을 위한 글루텐 없는 빵, 알코올을 싫어하는 사람들을 위한 알코올 없는(alcohol free) 포도즙을 준비하여 모든 사람들이 다른 어려움 없이 성찬에 참여할 수 있도록 배려할 필요가 있다. 그러한 면에서 예배에 대한 참여자 중심의 접근성/편이성에 관심을 기울이려는 상황이다.

이와 같은 기독교 내의 상황의 변화를 전제로 이제 책을 마무리하면서, 저자의 개인적인 호소, 혹은 소망을 담아본다. 그리스도의 몸인 교회는 항상 하나님의 말씀과 시대적 요구에 따라 새롭게 변화되어야 한다. 변화가 필요하다면 기독교 예배도 삶도 교회 지도자들도, 교회 구성원 모두도 변할 수 있어야 한다. 이들은 단지 성경(의 시대)으로 돌아가려는 몸짓만이 아니라, 성경에 따라 현실의 필요에 따라 변화되어야 할 필요가 있다. 필요에 따라 문화가, 삶이, 그리고 강단과 예배가 변해야 한다. 다만 역사를 돌아보는 것은 단순히 과거 기독교로의 회귀가 아니라, 미래(기독교)에 대한 조망이 필요하기 때문이다. 하나님은 과거에 성경에서 그리고 역사 속에서 믿는 자들을 부르셨듯이, 오늘날의 우리도 동일하게 부르고 계심을 기억하자.

책을 쓰고나서

  성경과 관련된 무거운 원고만 만지다가, 비교적 가벼운 책을 쓰게 되니 기쁘다(물론 독자들에게 무거운 책으로 다가가지 않으리라 장담하지 못한다!). 1년이 넘게 2년 가까이 지연되는 원고와 부실한 내용임에도 불구하고 많은 인내와 지혜를 허락하시고 더 아름다운 원고로 바꿔주신 시커뮤니케이션 최지윤 대표에게도 감사드린다. 그가 없었다면, 이 난해한 원고는 한 권의 아름다운 걸작으로 재탄생하지 못했을 것이다. 본서에서 언급된 마르틴 루터와 카타리나에 대한 언급은 독일종교개혁 500주년을 기념하는 루터 책을 준비하기 위한 독일 여정 가운데서 행해진 것이다. 여비를 찬조해주신 안재협 집사님과 김동오 목사님, 종교개혁자 루터와 관련하여 다양한 조언을 해준 전장원, 홍성수 목사님, 독일 예나 대학교 학생 기숙사를 숙소로 제공해준 박희성 학부 학생, 그리고 결실의 계절 가을철에 맛난 과일과 야채를 보내주신 손현창 목사님, 힘들고 지칠 때마다 후원과 위로와 격려를 아끼지 않으신 우한별 목사님, 그리고 마지막 장과 관련하여 조언을 주신 김석현 강도사님께도 감사드린다. 의학 자문을 해주신 심현준 현대의원 원장님, 맥주 제작과 관련한 자문을 이재성 님께도 감사드린다. 원고를 마무리할 때까지 재정 지원을 해주신 최규호, 문지환, 권성호, 조은영, 샬롬, 한윤교, 이정후, 박희정, 이세순, 심재훈(시애틀캠프), 최성미, 태영백, 김정근, 정철규, 최권옥, 박주신, 차영화, 군포 경희한의원, 이종원(천주교), 정수미, 박종현 님께 감사드린다. 원고의 마지막 단계에서 전체를 읽고, 원고를 세밀하게 다듬어주신 박종현 목사님과 김창주 사모님께도 특별히 감사드린다. 또한 교정교열로 애써주어 2판에서 더욱 완성된 책이 나오게 도와주신 이한길 님께 감사드린다.

마지막으로 본서에서 다루어진 관련된 자료를 열람할 수 있도록 해주신 김한원 목사님, 성서공회도서관(경기도 기흥). 백석대학교 대학원도서관(서울 방배동), 국립중앙도서관의 사서분들에게도 감사를 드린다.

참고문헌목록

한글자료

H. C. 류폴트, 〈창세기 下〉 최종태 역. 서울: 크리스챤서적, 1987.

N. B. 스톤하우스, 〈메이첸의 생애와 사상〉 홍치모 역. 서울: 그리심, 2003.

T. H. L. 파커, 〈존 칼빈의 생애와 업적〉 김지찬 역. 서울: 생명의 말씀사, 1993.

요한네스 발만, 〈종교개혁이후의 독일교회사〉 오영옥 역. 서울: 대한기독교서회, 2006.

W. 뢰베니히, 〈마르틴 루터: 그 인간과 그의 업적〉 박호용 역. 서울: 성지출판사, 2002.

강유원, 〈장미의 이름 읽기: 텍스트 해석의 한계를 에코에게 묻다〉 서울: 피토, 2004.

김미영, 〈유교의례 전통과 상징〉 서울: 민속원, 2010.

김신해, 〈최초의 신화 : 길가메쉬 서사시〉 서울 : 휴머니스트, 2020

김홍만, 〈초기 한국 장로교회의 청교도 신학〉 서울: 도서출판 옛적길, 2003.

더글라스 A. 스위니, 〈복음주의 미국역사: 복음주의운동의 역사〉 조현진 역. 서울: CLC, 2015.

데이비드 N. 벨, 〈중세교회신학〉 이은재 역. 서울: 기독교문서선교회, 2012.

램지 마이클스, 〈베드로전서〉 박문재 역; 서울: 솔로몬, 2006.

레이 로렌스, 〈로마제국 쾌락의 역사: 역사상 가장 강렬했던 쾌락의 기록〉 최기철 옮김. 서울: 미래의창, 2011.

레이철 로던, 〈탐식의 시대: 요리는 인류의 운명을 어떻게 바꾸었는가〉 조윤정 역. 서울: 다른 세상, 2015.

로날드 맥킴, 〈교회의 역사를 바꾼 9가지 신학논쟁〉 장종현 역. 서울: UCN, 2005.

로드 필립스, 〈알코올의 역사: 인류의 가장 오랜 발명품〉 윤철희 역. 고양시: 연암서가, 2015.

롤란드 베인튼, 〈마르틴 루터의 생애〉 이종태 역. 서울: 생명의 말씀사, 2002.

류대영, 〈초기 미국선교사 연구, 1884-1910: 선교사들의 중산층적 성격을 중심으로〉 초판5 쇄. 서울: 한국기독교역사연구소, 2016.

리랜드 라이큰, 〈청교도-이 세상속의 성자들〉 김성웅 역. 서울: 생명의 말씀사, 2000.

마크 드리스콜, 〈새롭게 복음 전하는 교회〉 정진환 역. 서울: 죠이선교회, 2007.

무라카미 미쓰루, 〈맥주, 문화를 품다〉 이현정 역. RHK, 2014.

민경배, 〈한국교회의 사회사(1885-1945)〉 개정판. 서울: 연세대학교출판부, 2008.

백종구, "한국개신교 절제 운동의 기원과 전개-금주운동을 중심으로-," 〈한국 기독교신학논총〉 27 (2003), 379-406.

사무엘레 바키오리, 〈크리스천과 술〉 안교신 역. 서울 : 빛과소리, 1993.

앤드류 T. 링컨, 〈에베소서〉 배용덕 역 서울: 솔로몬, 2006.

야콥 블루메, 〈맥주, 세상을 들이켜다〉 김희상 역 서울: 2013).

옥성득, "초기 한국 북감리교의 선교 신학과 정책: – 올링거의 복음주의적 기독교 문명론을 중심으로(Franklin Ohlinger and Methodist Evangelical Mission Theology in Korea, 1885-1894), 〈한국기독교와 역사〉 제11호, 1999.7, 7-40.

옥한흠, 〈구원받은 자는 이렇게 산다: 로마서 강해설교 제3권〉 서울: 두란노, 1994.

월터 링글, 〈세계 장로교회의 신앙과 역사 이야기〉 이종전 역. 서울: 예루살렘, 1992.

월터 스콧, 〈스코틀랜드 역사 이야기(2)〉 이수잔 역. 고양시: 현대지성사, 2005.

윌리엄 D. 바운스, 〈목회서신〉 채천석/이덕신 역; WBC; 서울: 솔로몬, 2009.

윤은순, "1920.30년대 한국기독교의 절제 운동–금주 금연운동을 중심으로–," 〈한국기독교와 역사〉 16 (2002), 181-202.

윤철원, 〈신약성서의 문학적 읽기〉 용인: 킹덤북스, 2013.

이재근, "매코믹신학교 출신 선교사와 한국 복음주의 장로교회의 형성, 1888-1939," 〈한국기독교와 역사〉 35 (2011), 5-46.

장금현, 〈한국기독교절제 운동연구(1884-1939년을 중심으로)〉 서울신학대학교 대학원 2004년 박사학위논문.

정철 · 박천석 · 여수환 · 조호철 · 노봉수, 〈맥주개론〉 세종시: 농림축산식품부, 2015.

제임스 던, 〈로마서 9-16〉 김철/채천석 역. 서울: 솔로몬, 2005.

제임스 던, 〈바울신학〉 박문제 역. 고양: 크리스챤다이제스트, 2003.

조지 마르스덴, 〈미국의 근본주의와 복음주의 이해〉 홍치모 역. 서울: 성광문화사, 1992.

존 볼드윈, 〈중세문화〉 박은구/이영재 역. 서울: 혜안, 2002.

존 울프, 〈복음주의 확장: 윌버포스, 모어, 차머스, 피니의 시대〉 이재근 역. 서울: 기독교문서선교회, 2010.

존 칼빈, 〈구약성서주석 10: 시편 IV〉 번역위원회 역. 서울: 성서교재간행사, 1995.

주종훈, 〈예배, 역사에서 배우다〉 서울: 세움북스, 2015.

최영걸, 〈수도원의 역사〉 서울: 살림, 2004.

최훈, 〈와인으로 읽는 세계사: 역사와 와인〉 서울: 자원평가연구원, 2015.

칼 하인즈 추어–뮐렌, 〈종교개혁과 반종교개혁〉, 정병식, 홍지훈 역. 서울: 대한기독교서회, 2003.

크리스토퍼 브룩, 〈유럽을 만든 은둔자: 수도원의 탄생〉 이한우 역. 서울: 청년사, 2006.

파울 슈레켄바흐/프란츠 노이베르트, 〈마르틴 루터〉 남정우 역. 서울: 예영커뮤니케이션, 2003.

패트릭 E. 맥거번, 〈술의 세계사: 알코올은 어떻게 인류문명을 발효시켰나〉 김형근 역. 파주: 글항아리, 2016.

프랑수아 방델, 〈칼빈: 그의 신학사상의 근원과 발전〉 김재성 역. 고양시: 크리스챤다이제스트사, 1999.

필립 킹과 로렌스 E. 스태거, 〈고대이스라엘 문화〉 임미영 역. 서울: 기독교문서선교회, 2014.

한스외르크 퀴스터, 〈곡물의 역사: 최초의 경작지에서부터 현대의 수퍼마켓까지〉 송소민 역. 파주: 서해문집, 2016.

홍철, 〈메이첸과 맥킨타이어〉 서울: 한성문화사, 2001.

후스토 L. 곤잘레스, 〈초대교회사〉 2010년 개정증보판. 엄성옥 역. 서울: 은성, 2012.

휴 T. 커어 [편저], 〈루터 신학개요〉, 김영한 편역. 서울: 대한예수교장로회출판국, 1991.

영문자료

Arthur J. Brown, The Mastery of the Far East. New York: Charles Scribners, 1971.

Baruch A. Levine, Numbers 1-20. AB, New York: Doubleday, 1993.

Baruch A. Levine, Numbers 21-36. AB. New York: Doubleday, 2000.

Bryan Berghoef, Pub Theology: Beer, Conversation, and God. Wipf & Stock Pub. 2012.

Cary Ellen Walsh, The Fruit of the Vine: Viticulture in Ancient Israel and the Hebrew Bible. unpublished Dissertation of the Doctor of Theology, Harvard University, 1996.

Cornelius P. Venema, Children at the Lord's Table?: Assessing the Case for Paedocommunion. Grand Rapids: Reformation Heritage Books, 2009.

Dennis E. Smith, From Symposium to Eucharist: The Banquet in the Early Christian World. Minneapolis: Fortress, 2003.

G. Fleischer, "tiroš," Theological Dictionary of the Old Testament, vol. xv. Grand Rapids: Eerdmans, 2006, 653-662.

Gisela H. Kreglinger, The Spirituality of Wine. Grand Rapids: Eerdmans, 2016.

Gordon D. Fee, Paul's Letter to the Philippians. NICNT; Grand Rapids: Eerdmans, 1995.

Gordon D. Fee, The First Epistle to the Corinthians. NICNT; Grand Rapids: Eerdmans, 1987.

John L. McLaughlin, The Marzeah in the Prophetic Literature: References and Allusions in Light of the Extra-Biblical Evidence. SVT lxxxvi; Leiden: Brill, 2001.

John T. McNeill, The History and Character of Calvinism. Oxford: Oxford University Press, 1954.

Luke T. Harrington, "How Methodists Invented Your Kid's Grape Juice Sugar High: The weird story behind the church's go-to communion wine substitute" (http:// www.christianitytoday.com/local-church/2016/september/how-methodists-acci- dentally-invented-your-kids-grape-juice-.html).

M. Oeming, "šekar," Theological Dictionary of the Old Testament, vol. xv. Grand Rapids: Eerdmans, 2006, 1-5.

Michael M. Homan, "Beer, Barley, and šekar in the Bible," in Le-David Maskil: A Birthday Tribute for David Noel Freedman. Edited by Richard Elliott Friedman & Wil- liam H. C. Propp. Biblical and Judaic Studies from the University of California, San Diego, vol. 9; Winona Lake: Eisenbrauns, 2004, 25-38.

Michal Dayagi-Mendels, Drink and Be Merry: Wine and Beer in Ancient Times: Wine and Beer in Ancient Times, Jerusalem: The Israel Museum, 1999.

Morris Jastrow, Jr., "Wine in the Pentateuchal Codes," Journal of the American Oriental Society (1913): 180-192.

Nelson, M. C., "Beer in Greco-Roman Antiquity." Ph.D. dissertation, the University of British Columbia, 2001.

Peter T. O'Brien, The Epistle to the Philippians: A Commentary on the Greek Text. Grand Rapids: Eerdmans, 1991.

Philip H. Towner, The Letter to Timothy and Titus. NICNT; Grand Rapids: Eerd- mans, 2006.

Rafael Frankel, Wine and Old Production in Antiquity and in Israel and Other Med- iterranean Countries. Sheffield: Sheffield Academic Press, 1999.

Ronald Y. K. Fung, The Epistle to the Galatians. NICNT; Grand Rapids: Eerdmans, 1988.

Rudolf K. Markwald and Marilynn Morris Markwald, Katharina von Bora: a Reforma- tional Life. St. Louis: Concordia Publishing House, 2002.

Bacchiocchi, Samuele, Wine in the Bible: A Biblical Study on the Use of Alcoholic Beverages. Berrien Springs: Biblical Perspectives, 2001.

Thomas R. Ashley, The Book of Numbers. NICOT; Grand Rapids: Eerdmans, 1993.

Unknown author, Carl A. Allen 편집, "The Question of Wine and the Drink-Offering of the Old Testament," via The Berean, Vol. V, No. 5,6, February 2010.

W. Dommershausen, "yayin," Theological Dictionary of the Old Testament, vol. vi.

Grand Rapids: Eerdmans, 1990, 59-64.

William D. Barker, "Wine Production in Ancient Israel and the Meaning of šemarim in the Hebrew Bible," in Leshon Limmudim: Essays on the Language and Literature of the Hebrew Bible in Honour of A. A. Macintosh. Edited by David A. Baer and Robert P. Gordon. Library of Hebrew Bible/Old Testament Studies 593; London: Bloomsbury, 2013, 268-274.

William J. Bouwsma, John Calvin: A Sixteenth-Century Portrait. New York: Oxford University Press, 1988.

신의 선물에서 악마의 유혹까지

기독교 역사 속 술

1판 1쇄 2017년 8월 11일
2판 1쇄 2021년 3월 2일
2판 2쇄 2024년 10월 28일

지은이   성기문
발행인   최지윤
표지디자인   선란
발행처   시커뮤니케이션
          www.seenstory.co.kr
          seenstory@naver.com
서점관리   하늘유통
인쇄   유진보라

ISBN   979-11-92521-48-0(93230)